読解力と語彙力を鍛える！

なぞ解きストーリードリル

ことわざ・慣用句

小学4年生から

監修 陰山英男　物語 たかはしみか

ナツメ社

もくじ

この本の使い方

なぞ解きストーリードリル

物語を読もう！

主人公たちがなぞ解きに挑戦する物語を読んで、楽しみながら問題を解いていこう。見開きページの物語を読んだら、下の段の問題にチャレンジ！

ことわざ・慣用句を学ぼう！

文章中の、覚えておきたいことわざ・慣用句は、太字で示しているよ。文章の中でどんなふうに使われているか注目しよう。また、下の段で「ことわざ・慣用句の問題」として出題されていることわざ・慣用句には、黄色いマーカーが引いてあるよ。前後の文章の流れから、そのことわざ・慣用句がどんな意味で使われているかを考えながら読むようにしよう。

線をヒントに！

文章には、読解問題に関係のあるところに線が引いてあるよ。線をヒントにして、答えを読み取ろう。

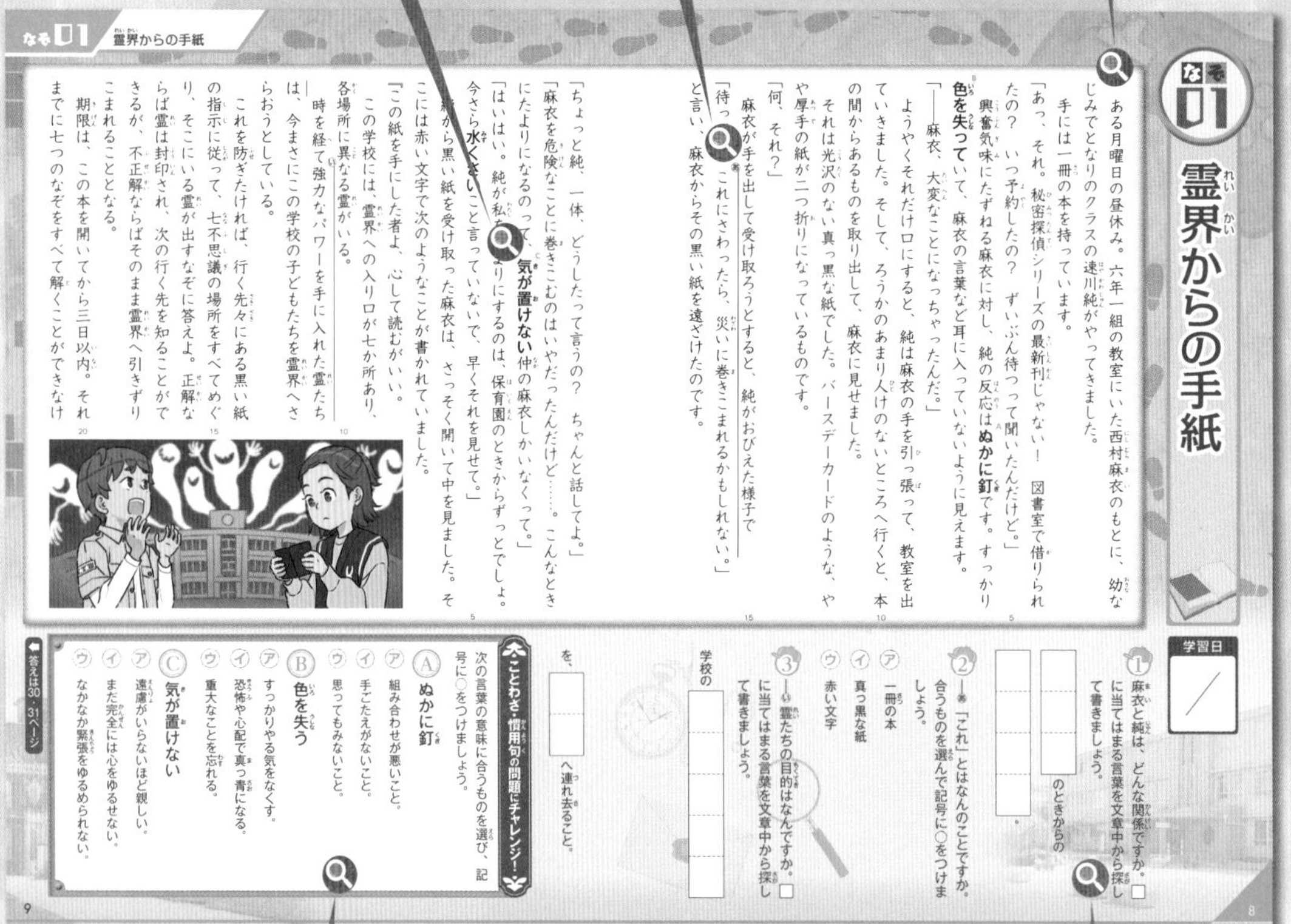

なぞ01 霊界からの手紙

ある月曜日の昼休み。六年一組の教室にいた西村麻衣のもとに、幼なじみでとなりのクラスの速川純がやってきました。

手には一冊の本を持っています。

「あっ、それ。秘密探偵シリーズの最新刊じゃない！　図書室で借りられたの？　いつ予約したの？　ずいぶん待つって聞いたんだけど。」

興奮気味にたずねる麻衣に対し、純の反応は**ぬかに釘**です。すっかり**色を失って**いて、麻衣の言葉など耳に入っていないように見えます。

「――麻衣、大変なことになっちゃったんだ。」

ようやくそれだけ口にすると、純は麻衣の手を引っ張って、教室を出ていきました。そして、ろうかのあまり人けのないところへ行くと、本の間からあるものを取り出して、麻衣に見せました。

それは光沢のない真っ黒な紙でした。バースデーカードのような、やや厚手の紙が二つ折りになっているものです。

「何、それ？」

麻衣が手を出して受け取ろうとすると、純がおびえた様子で

「待って。これにさわったら、災いに巻きこまれるかもしれない。」

と言い、麻衣からその黒い紙を遠ざけたのです。

「ちょっと純、一体、どうしたって言うの？　ちゃんと話してよ。」

「麻衣を危険なことに巻きこむのはいやだったんだけど……。こんなときにたよりになるのって、**気が置けない**仲の麻衣しかいなくって。」

「はいはい。純が私をたよりにするのは、保育園のときからずっとでしょ。今さら**水くさい**こと言っていないで、早くそれを見せて。」

純から黒い紙を受け取った麻衣は、さっそく開いて中を見ました。そこには赤い文字で次のようなことが書かれていました。

『この紙を手にした者よ、心して読むがいい。

この学校には、霊界への入り口が七か所あり、各場所に異なる霊がいる。

時を経て強力なパワーを手に入れた霊たちは、今まさにこの学校の子どもたちを霊界へさらおうとしている。

これを防ぎたければ、行く先々にある黒い紙の指示に従って、七不思議の場所をすべてめぐり、そこにいる霊が出すなぞに答えよ。正解ならば霊は封印され、次の行く先を知ることができるが、不正解ならばそのまま霊界へ引きずりこまれることとなる。

期限は、この本を開いてから三日以内。それまでに七つのなぞをすべて解くことができなけ

学習日　／

1 麻衣と純は、どんな関係ですか。□に当てはまる言葉を文章中から探して書きましょう。

□□□□のときからの□□□□。

2 ―あ「これ」とはなんのことですか。合うものを選んで記号に○をつけましょう。

(ア) 一冊の本
(イ) 真っ黒な紙
(ウ) 赤い文字

3 ―い霊たちの目的はなんですか。□に当てはまる言葉を文章中から探して書きましょう。

学校の□□□□□を、□□へ連れ去ること。

8

ことわざ・慣用句の問題にチャレンジ！

次の言葉の意味に合うものを選び、記号に○をつけましょう。

(A) ぬかに釘
(ア) 組み合わせが悪いこと。
(イ) 手ごたえがないこと。
(ウ) 思ってもみないこと。

(B) 色を失う
(ア) すっかりやる気をなくす。
(イ) 恐怖や心配で真っ青になる。
(ウ) 重大なことを忘れる。

(C) 気が置けない
(ア) 遠慮がいらないほど親しい。
(イ) まだ完全には心をゆるせない。
(ウ) なかなか緊張をゆるめられない。

答えは30・31ページ

9

ことわざ・慣用句の問題を解こう！

左側のページでは、ことわざ・慣用句の問題に取り組んでみよう。問題を解くことで、ことわざ・慣用句の意味や使い方を勉強することができるよ。

読解問題を解こう！

右側のページでは、読解問題が出されているよ。文章をよく読んで、問題に答えてね。

答えと解説

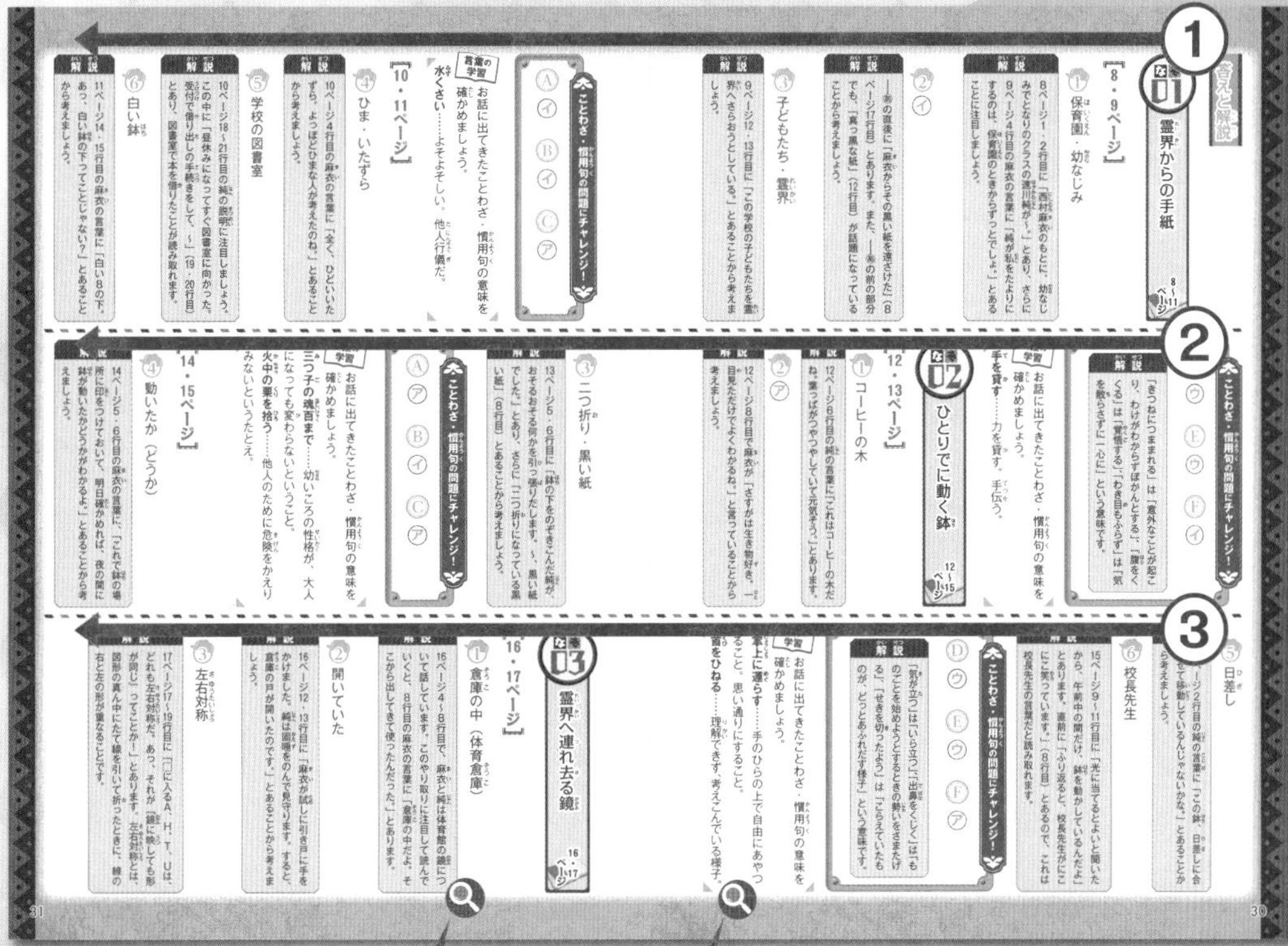

答えと解説を読もう！

問題の答えと、答えを導きだす方法や考え方の説明が書かれているよ。①右ページ上段→左ページの上段→②右ページ中段→左ページの中段→③右ページ下段→左ページの下段の順で読んでね。まちがえてしまった問題は特にしっかり読んで、答えの見つけ方を身につけよう。

言葉の意味を確かめよう！

『言葉の学習』では、物語に出てきたことわざ・慣用句の意味を説明しているよ。問題には出されていないけれど、覚えておきたいことわざ・慣用句なので、じっくり読んで、ことわざ・慣用句と意味をセットで覚えよう。

解き終わったら

読み終わったら

別冊ことわざ・慣用句ドリル

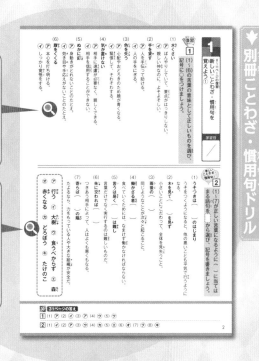

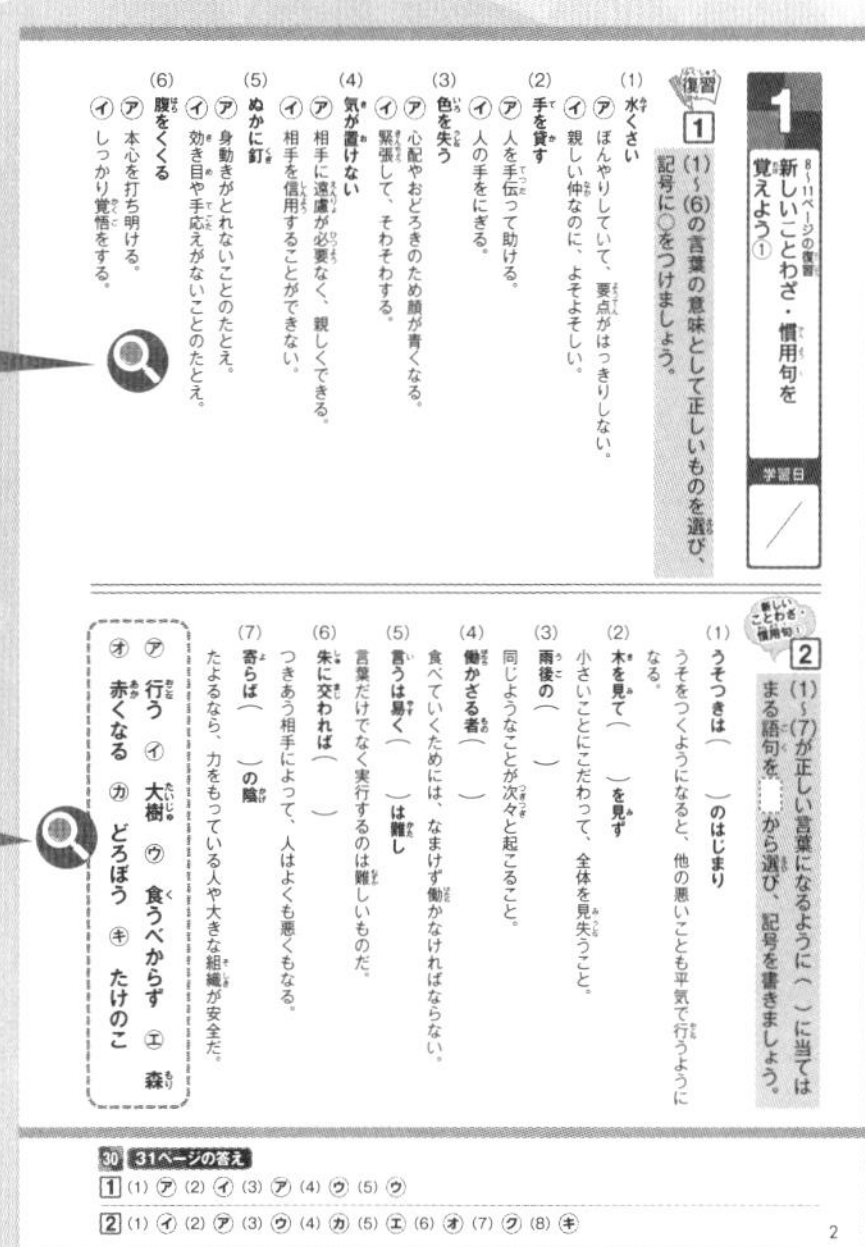

ことわざ・慣用句の復習をしよう！

『なぞ解きストーリードリル』で学習したことわざ・慣用句の復習問題が出されているよ。復習問題を解いて、ことわざ・慣用句の意味や使い方をおさらいしよう。

新しいことわざ・慣用句を学ぼう！

ことわざ・慣用句ドリルでは、『なぞ解きストーリードリル』では出てきていない、新しいことわざ・慣用句も勉強することができるよ。下段の問題を解いて、さらにことわざ・慣用句を覚えよう！

はじめに

陰山英男

最近、子どもたちの読解力が弱まっていると言われており、中高生になっても教科書の中の文章を正しく読み取れないことが問題とされています。また、他の問題はすらすら解けても、読解問題になると読み取りまちがいをしてしまったり、答えを書くことすらできなかったり、という人も少なくありません。

この原因は、大きくふたつ挙げられます。ひとつは、言葉の意味をきちんと知らない、つまり「語彙力が弱い」こと。もうひとつは、文章を集中して正しく読めていないことです。

では、語彙力と文章を読む力を高めるためには、どうすればいいのでしょうか。もっとも有効なのは、国語辞典や漢和辞典を引き、調べることです。しかし、それはどうしても「作業」となりがちで、継続することが難しい場合が多いのです。

私が有効だと感じているのは、「楽しい物語を読み、深く理解する中でたくさんの言葉を知っていくこと」です。知っている言葉の数が増える、つまり語彙力が高まると、自然と読解力は上がっていくのです。

とはいえ、いきなり難しい言葉の並んだ文章を目の前にしても、みなさんは読む意欲を失っていくでしょう。一方で、いつまでも簡単な文章だけを読んでいても、力はつきません。

そこで、楽しい物語を読みながらたくさんの言葉にふれ、また、読解問題を解くことで内容を理解する力もついていく、そういうドリルに取り組んでみるのはいかがでしょうか。

今回の『なぞ解きストーリードリル』は「ことわざ・慣用句」がテーマです。物語の中には、たくさんのことわざ・慣用句が登場しますよ。物語に出てきたことわざ・慣用句を、せっかくですからきちんと学習して身につけられるよう、復習もできる「ことわざ・慣用句ドリル」も別冊でつけてみました。

ただ言葉を覚えるのではなく、ただ文章を楽しむのでもなく、それらを一体として学習し、語彙力を高めることと読解力を身につけることができるよう、願っています。

1章

学校に仕掛けられた七つのなぞ

登場人物紹介

西村 麻衣

活発でものおじしない性格の小学6年生。好奇心が強く、人一倍行動力もあるが、なぞ解きではものごとを冷静にとらえる一面も。純とは保育園のころからの幼なじみ。

速川 純

生き物と自然にくわしい小学6年生。おだやかな優しい性格で、平和主義者。ちょっとビビリなところもあるが、豊富な知識でなぞを解決していく。

なぞ 01

霊界からの手紙

ある月曜日の昼休み。六年一組の教室にいた西村麻衣のもとに、幼なじみでとなりのクラスの速川純がやってきました。

手には一冊の本を持っています。

「あっ、それ。秘密探偵シリーズの最新刊じゃない！　図書室で借りられたの？　いつ予約したの？　ずいぶん待つって聞いたんだけど。」

興奮気味にたずねる麻衣に対し、純の反応はⒶ**ぬかに釘**です。すっかりⒷ**色を失って**いて、麻衣の言葉など耳に入っていないように見えます。

「――麻衣、大変なことになっちゃったんだ。」

ようやくそれだけ口にすると、純は麻衣の手を引っ張って、教室を出ていきました。そして、ろうかのあまり人けのないところへ行くと、本の間からあるものを取り出して、麻衣に見せました。

それは光沢のない真っ黒な紙でした。バースデーカードのような、やや厚手の紙が二つ折りになっているものです。

「何、それ？」

麻衣が手を出して受け取ろうとすると、純がおびえた様子で

「待って！　ⓐこれにさわったら、災いに巻きこまれるかもしれない。」

と言い、麻衣からその黒い紙を遠ざけたのです。

学習日　／

1 麻衣と純は、どんな関係ですか。□に当てはまる言葉を文章中から探して書きましょう。

［　　　　］のときからの［　　　　］。

2 ―ⓐ「これ」とはなんのことですか。合うものを選んで記号に○をつけましょう。

ア 一冊の本

イ 真っ黒な紙

ウ 赤い文字

3 ―ⓘ霊たちの目的はなんですか。□に当てはまる言葉を文章中から探して書きましょう。

学校の［　　　　　］

「ちょっと純、一体、どうしたって言うの？　ちゃんと話してよ。」

「麻衣を危険なことに巻きこむのはいやだったんだけど……。こんなときにたよりになるのって、Ⓒ**気が置けない**仲の麻衣しかいなくって。」

「はいはい。純が私をたよりにするのは、保育園のときからずっとでしょ。今さら**水くさい**こと言っていないで、早くそれを見せて。」

　純から黒い紙を受け取った麻衣は、さっそく開いて中を見ました。そこには赤い文字で次のようなことが書かれていました。

『この紙を手にした者よ、心して読むがいい。

　この学校には、霊界への入り口が七か所あり、各場所に異なる霊がいる。

　時を経て強力なパワーを手に入れた霊たちは、今まさにこの学校の子どもたちを霊界へさらおうとしている。

　これを防ぎたければ、行く先々にある黒い紙の指示に従って、七不思議の場所をすべてめぐり、そこにいる霊が出すなぞに答えよ。正解ならば霊は封印され、次の行く先を知ることができるが、不正解ならばそのまま霊界へ引きずりこまれることとなる。

　期限は、この本を開いてから三日以内。それまでに七つのなぞをすべて解くことができなけ

を、□へ連れ去ること。

ことわざ・慣用句の問題にチャレンジ！

次の言葉の意味に合うものを選び、記号に○をつけましょう。

Ⓐ **ぬかに釘**
- ア　組み合わせが悪いこと。
- イ　手ごたえがないこと。
- ウ　思ってもみないこと。

Ⓑ **色を失う**
- ア　すっかりやる気をなくす。
- イ　恐怖や心配で真っ青になる。
- ウ　重大なことを忘れる。

Ⓒ **気が置けない**
- ア　遠慮がいらないほど親しい。
- イ　まだ完全には心をゆるせない。
- ウ　なかなか緊張をゆるめられない。

答えは30・31ページ

れば、学校ごと霊界へ吸いこまれることとなる。』

　そこまで読んだところで、麻衣はフーッと長いため息をつきました。

「ほらね、大変なことになったでしょ？」と、純が言います。

「全く、ひどいいたずら。よっぽどひまな人が考えたのね。これ、どこで手に入れたの？」

　㋒麻衣の反応に、純はⒹ**きつねにつままれた**ような顔をしました。

「麻衣ってば、なんでそんなに冷静なの？　ちゃんと読んだ？」

「たしかに読んだよ。これって黒い紙に、パソコンで打った赤い文字を印刷したものだよね。霊がそんなことする？　読み終わると宙にうかんで消える紙とかだったら信じてもいいけど。」

「言われてみれば……。でも、霊がだれかにとりついて、作らせたのかもしれないし。とにかく、ぼくはこの紙を手にしちゃったんだ。何事もなかったことにはできないよ。」

　純は言い出したらきかないタイプです。麻衣はⒺ**腹をくくり**ました。

「わかった。私もだれがこんないたずらをしたのかつき止めたいし、なぞ解きなら面白そうだから**手を貸す**よ。」

　純はほっとして、黒い紙を手に入れたときの状況を話しました。

「図書委員の人から、予約していたこの本について連絡があったんだ。ぼくの前に借りた人が返却したから、もう借りられますって。それで、昼休みになってすぐ図書室に向かった。受付で借り出しの手続きをして、いざ読み始めようとしたら、この紙がはさまっていたんだよ。」

4　―㋒どんな反応でしたか。□に当てはまる言葉を文章中から探して書きましょう。

[　]な人が考えた[　]だと思っている。

5　どこで借りた本に、紙がはさまっていたのですか。合うものに○をつけましょう。

地域の図書館・学校の図書室

6　―㋓8だけが白い文字になっていたのは、どんなことを表すためですか。文章中から探して三文字で書きましょう。

麻衣は霊からの手紙よりも、この話に興味をもったようです。

「なるほど。純の前にこの本を借りた人に、話を聞いてみたいね。」

「待って。まずは一つ目のなぞを解かなくちゃ。続きを読んでみて。」

純はもう一度、黒い紙を広げました。

『七不思議の一つ目は、「図書室にある本のうち、黒い紙がはさまっている一冊を手に取ると、災いに巻きこまれる」。霊界へ引きずりこまれたくなければ、次のなぞを解け。なぞを解いた先に、七不思議の二つ目を記した黒い紙がある。』

黒い紙には、1から10までの数字が順番に、縦書きで並べられていました。しかし、ⓔ他の文字は赤いのに、8だけが白い文字になっています。

その下の9のところに矢印があって、「ここ」と書かれていました。

「暗号かあ。8が白い。白い8……。9に『ここ』ってあるのはなんでだろう？」と、純。

「9というか、この書き方だと8の下って感じもするね。白い8の下。あっ、白い鉢の下ってことじゃない？」

と、麻衣が言います。

「白い鉢なら、職員玄関で見たことがある！」

二人はⒻ**わき目もふらず**、職員玄関へと向かいました。

ことわざ・慣用句の問題にチャレンジ！

次の言葉を正しい意味で使っている文を選び、記号に○をつけましょう。

Ⓓ きつねにつままれる

ア きつねにつままれるほど暖かい。
イ 出世して、きつねにつままれる。
ウ 意外で、きつねにつままれたよう。

Ⓔ 腹をくくる

ア 朝食をぬいて腹をくくる。
イ 相手の失礼な言動に腹をくくる。
ウ やるしかないと腹をくくる。

Ⓕ わき目もふらず

ア わき目もふらずに迷う。
イ わき目もふらずに進む。
ウ わき目もふらずによそ見する。

← 答えは30・31ページ

なぞ02 ひとりでに動く鉢

職員玄関とは、児童用の昇降口とは別に設けられている、先生方や学校を訪れるお客さんが利用する玄関のことです。

そこにはたしかに、ⓐ白い鉢に植えられた植物がありました。

「この前までここのそうじ当番だったから、白い鉢があるって覚えていたんだ。純、これってなんの植物かわかる？」

「これはコーヒーの木だね。葉っぱがつやつやしていて元気そう。」

うれしそうに答える純に、麻衣は感心した様子です。

「さすがは生き物好き。一目見ただけでよくわかるね。へえ、この木にコーヒーの実がなるのかあ。一メートルぐらいの高さがあるね。」

「うん。もともとは暑い地方の植物だから、日当たりのよい場所に置けば、もっと大きくなるはずだよ。でも、真夏の直射日光は強すぎて葉が焼けてしまうんだ。ここの窓ごしの日差しなら、ちょうどよさそう。」

言いながらコーヒーの木の鉢に手をかけようとした純は、とつぜんⒶ**顔をくもらせる**と、その場からあとずさりしました。

「ここに霊がいるかもしれないってことだよね？　すっかり忘れてた。」

「純って昔からⒷ**肝が小さい**よね。**三つ子の魂百まで**ってことか。私が鉢を持ち上げるから、下に黒い紙がないか見てくれる？」

学習日
／

1 ―ⓐなんの植物でしたか。文章中から探して六文字で書きましょう。

□□□□□□

2 純が、1の植物を一目でわかったのはなぜですか。合うものを選んで記号に○をつけましょう。

ア 生き物好きだから。

イ 自分で持ってきたから。

ウ 先生に教わったから。

3 鉢の下には何がありましたか。□に当てはまる言葉を文章中から探して書きましょう。

［　　　］になっている、［　　　］。

「わかった。**火中の栗を拾わせて**Ⓒ**面目ない**けど、お願いします。」

麻衣は、ひとりで鉢を持ち上げました。鉢がプラスチック製だったのと、コーヒーの木の幹が細いせいか、そこまで重くはありませんでした。

「あっ、何かある！」

鉢の下をのぞきこんだ純が、おそるおそる何かを引っ張りだします。それは図書室の本にはさまっていたのと同じ、黒い紙でした。

「やった！　あの暗号は、やっぱりこの鉢の下のことを指していたんだ。」

麻衣がさっそく、二つ折りになっている黒い紙を開きます。

『七不思議の二つ目は「職員玄関の鉢はひとりでに動く」。鉢の目的は何か。答えがわかったら、白い紙を探せ。』

「えーっ、問題文はこれだけ？　ひとりでに動くって、どうやって？」純があわてています。

「持ってみた感じ、鉢はそんなに重くなかったけど、風で動くほど軽くはないし……。」

二人はしばらくの間、コーヒーの木の鉢植えを見つめていましたが、動くところを目撃できないまま、昼休みが終わってしまいました。

放課後、二人は下校する前にもう一度、鉢植えをじっくり観察しましたが、特に変化はあり

ことわざ・慣用句の問題にチャレンジ！

次の言葉の意味に合うものを選び、記号に○をつけましょう。

Ⓐ **顔をくもらせる**
- ㋐ 心配そうな表情になる。
- ㋑ 楽しそうな表情になる。
- ㋒ 笑いをこらえた表情になる。

Ⓑ **肝が小さい**
- ㋐ 力が弱い。
- ㋑ 度胸がない。
- ㋒ 活発ではない。

Ⓒ **面目ない**
- ㋐ 恥ずかしくて合わせる顔がない。
- ㋑ 人にゆずってばかりで面白くない。
- ㋒ 特にいい方法を思いついていない。

答えは30・31ページ

ませんでした。

「霊のしわざだったら、夜に動くんじゃないかな。」

声をひそめて純が言うと、麻衣は何かを思いついた様子で、ランドセルの中からマスキングテープを取りだしました。

「これ、工作で使うから持ってきてたの。これで鉢の場所に印をつけておいて、明日確かめれば、夜の間に鉢が動いたかどうかがわかるよ。」

麻衣は(い)テープを二センチメートルぐらいの長さにちぎって、鉢のすぐ横の床にはりつけました。

こうして一日目は、二つ目のなぞを解けないまま過ぎてしまいました。

次の日、登校した麻衣と純は、すぐに鉢植えのところへ行きました。窓から差しこむ光を葉で受け止め、コーヒーの木は気持ちよさそうにたたずんでいました。麻衣と純は、先を争うように床にはったテープを確認しましたが、鉢が動いた形跡はありません。

「なんだ、動いてなんかいないじゃない。**掌上に運らす**ことができると思われているようで、(D)**気が立つ**なあ。」

二人は(E)**出鼻をくじか**れた気分で、それぞれの教室へと入りました。

ところが、一時間目の休み時間に再び職員玄関を訪れると、鉢がテープの位置よりも少し右にずれていたのです。二時間目の休み時間も、三時間目の休み時間も、(う)鉢はまぎれもなく同じ方向に移動していました。

「どういうことだろう？」麻衣が**首をひねり**ます。考えこんでいた純が、

4 ―(い)何を知るために、テープをはったのですか。□に当てはまる言葉を文章中から探して書きましょう。

鉢が夜の間に［　　　　］を知るため。

5 ―(う)純は、何に合わせて移動していると考えましたか。文章中から探して三文字で書きましょう。

［　］［　］［　］

6 鉢を動かしていたのはだれですか。文章中から探して書きましょう。

［　　　　］

急にはっと顔を上げ、(F)**せきを切ったよう**に話しだしました。

「この鉢、日差しに合わせて移動しているんじゃないかな。太陽が高くなるにつれて、光の差しこむ場所も少しずつ右にずれていたけど、鉢はいつも差しこむ光の中にあったもの。でも、どうやって……。」

昼休み、二人が再度訪れると、鉢は移動しただけではなく、受け皿に載っていました。

戸惑う二人の後ろから「きみたちも観察中かな。」という声がしました。ふり返ると、校長先生がにこにこ笑っています。

「鉢が動いているって？　ああ、光に当てるとよいと聞いたから、午前中の間だけ、鉢を動かしているんだよ――おや？」

校長先生が鉢のそばにしゃがみこみました。

「さっき水をあげたときはなかったが、受け皿にたまった水の中に、何か落ちているぞ。」

二人は、顔を見合わせてうなずきます。

「それ、私たちが拾っておきます。」

麻衣はそう言って、小さくたたまれた白い紙を、受け皿の水の中から拾い上げました。

ろうかにある流しへ行って、水びたしのその紙をていねいに広げてみると、手書きで『たいいくかんのかがみ』と書いてありました。

ことわざ・慣用句の問題にチャレンジ！

次の言葉を正しい意味で使っている文を選び、記号に○をつけましょう。

(D) 気が立つ
- ア 温かい応援に気が立つ。
- イ 細かい変化に気が立つ。
- ウ 心ない言葉に気が立つ。

(E) 出鼻をくじく
- ア 出鼻をくじいて、調子が出ない。
- イ 鼻をかんで出鼻をくじく。
- ウ 出鼻をくじかれ、勢いをなくす。

(F) せきを切ったよう
- ア 涙がせきを切ったようにあふれる。
- イ せきを切ったように日照りが続く。
- ウ 日々はせきを切ったように過ぎた。

答えは30・31ページ

なぞ 03

霊界へ連れ去る鏡

放課後、麻衣と純は体育館へ行きました。すでにそうじの時間が過ぎていたせいもあって、中にはだれもいませんでした。

「鏡、鏡……。あれ、㋐体育館って鏡がないね。」と、純。

「でも、前にダンスの授業で、ポーズをチェックするために使ったよ。脚の部分にキャスターがついていて、動かすことができた気がする。」

「移動できる鏡か。たしかにいつも体育館の中にあると、ボールがぶつかったりして危険だよね。どこかにしまってあるとか？」

「そうだ！ 倉庫の中だよ。そこから出してきて使ったんだった。」

しかし、体育倉庫の戸には、授業中以外は鍵がかかっています。戸を開けるには、担任の先生に許可を得て鍵を借りる必要がありました。

「霊のしわざなら、鍵が開いていたりして。」

そう言いながら、麻衣が試しに引き戸に手をかけました。純はⒶ**固唾をのんで**見守ります。すると、倉庫の戸が開いたのです。

Ⓑ**有無を言わせず**純の手を引っ張って、麻衣は倉庫の中へと足を踏み入れました。**肝が小さい**純は、暗やみの中、無我夢中で照明のスイッチを探ります。ぱっと電気がつくと、やっと辺りの様子が見えました。

ボールの入った鉄製のかご、得点板、ホワイトボード……そして、麻

学習日　／

1 —㋐鏡は、体育館のどこにありましたか。文章中から探して四文字で書きましょう。

□□□□

2 ①の場所へ行くための戸の鍵は、どうなっていましたか。合うものに○をつけましょう。

開いていた・閉まっていた

3 —㋑どういうことでしたか。□に当てはまる言葉を文章中から探して書きましょう。

アルファベットの形が［　　　］であるということ。

衣の記憶にあった、移動可能な大きな鏡がありました。

「これだ。あっ！」

麻衣は、鏡の表面に、二つ折りの黒い紙がはりつけてあるのを見つけました。ためらうことなく手に取り、さっそく開いて中を読みます。

『七不思議の三つ目。「放課後、体育倉庫にある鏡に姿が映ると、霊界へ引きずりこまれる。」霊界へ行きたくなければ五分以内になぞを解け。

次の行き先→R●K□S□●□S□

ただし、●には英語で「私」を意味する同じアルファベットが入る。□に入るアルファベットは、鏡に映しても形が同じ。』

「英語で『私』を意味するってことは、●に入るのは『I』だね。(い)『鏡に映しても形が同じ』っていうのがわからないけど。」と、麻衣。

「ということは、最初の文字は『り』か。学校の中で『り』がつく場所といえば、理科室？」

『RIKASHITSU』だと、文字数も合うね。□に入るA、H、T、Uは、どれも左右対称だ。あっ、それが『鏡に映しても形が同じ』ってことか！」

Ⓒ**時は金なり**とばかりに、二人は急いで理科室へ向かいました。

ことわざ・慣用句の問題にチャレンジ！

次の言葉の意味に合うものを選び、記号に○をつけましょう。

Ⓐ 固唾をのむ

ア どうなるか心配で緊張する。

イ 難題を前に苦しむ。

ウ 無茶な条件を受け入れる。

Ⓑ 有無を言わせず

ア 相手に問いかけるひまもなく。

イ 相手の意思に関係なく無理矢理。

ウ 相手に判断をゆだねて。

Ⓒ 時は金なり

ア 金をかければ時間は増やせる。

イ 時間をかければ大金をかせげる。

ウ 時は貴重でむだにすべきでない。

← 答えは31・32ページ

なぞ 04

数が増減するメダカ

理科室に着いた二人は、さっそく黒い紙を探しましたが、今度はなかなか見つかりません。

「紙がないってことは、さっきの答えは理科室じゃなかったのかな。」

純が不安顔で麻衣に問いかけます。

「条件をすべてクリアしていたんだから、理科室で合ってると思うよ。」

「いくら麻衣のⒶ**折り紙つき**でも、不安だなあ。もしかして、もうすでにここが霊界だったりして！　だとすると、これは霊界のメダカかも。」

理科室には、蚕を飼っている飼育箱や、金魚鉢がありました。金魚鉢の中には、メダカが数ひき泳いでいます。

その金魚鉢の下に、黒い紙がしかれていました。

「あったよ、麻衣！　よかった、ここは霊界じゃなかった。わーい！」

Ⓑ**我を忘れて**喜ぶ純をⒸ**白い目で見つつ**、麻衣は二つ折りになっている黒い紙を開きました。

『七不思議の四つ目、「理科室のメダカは数えるたびに数が変わる」。

メダカの数を数えよ。

十ぴきだと思ったら音楽室へ。

九ひきだと思ったら正面玄関前の広場の銅像へ。

学習日　／

① 黒い紙は、どこにありましたか。文章中から探して書きましょう。

[　　　　]

② 二人が、メダカの数をうまく数えられなかったのはなぜですか。□に当てはまる言葉を文章中から探して書きましょう。

[　　　　]を横から見ると、[　　　　]が丸くなっているせいで、ゆがんで見えたから。

③ どこから見たら、メダカの正しい数がわかりましたか。合うものを選んで記号に○をつけましょう。

㋐ 上から見た。

㋑ 横から見た。

八ぴきだと思ったら図工室へ。
ただし数がまちがっていたら、おまえたちは霊界へ連れ去られる。』

麻衣が読み上げた内容を聞いていた純は、

「メダカを数えろだなんて、動くとはいえ、簡単すぎない？」

と言いながら腰をかがめ、金魚鉢を横から見てメダカを数えました。

「九ひきだ。じゃあ次は、正面玄関前へ行くんだね。」と、純。

「待って！　私は八ぴきだと思うんだけど。あれ？　十ぴき？」と、純の反対側から鉢を見ていた麻衣が言います。

「またそうやって、ぼくをこわがらせようとして**ほらを吹いて**いるんでしょ。ん？　やっぱり八ぴき？　えっ、数えるたびに数がちがう？」

「そんなはずは……。」

麻衣は、かがんでいた体を伸ばし、上から金魚鉢をのぞいてみました。すると、今度は問題なくメダカを数えることができたのです。

「わかった！　ガラスが丸くなっているから、横から見るとゆがんで見えたんだよ。そのうえ動くから、うまく数えられなかったんだ。」

「ほんとだ！　答えは九ひきだね。」

二人は銅像がある、正面玄関前の広場へと向かいました。

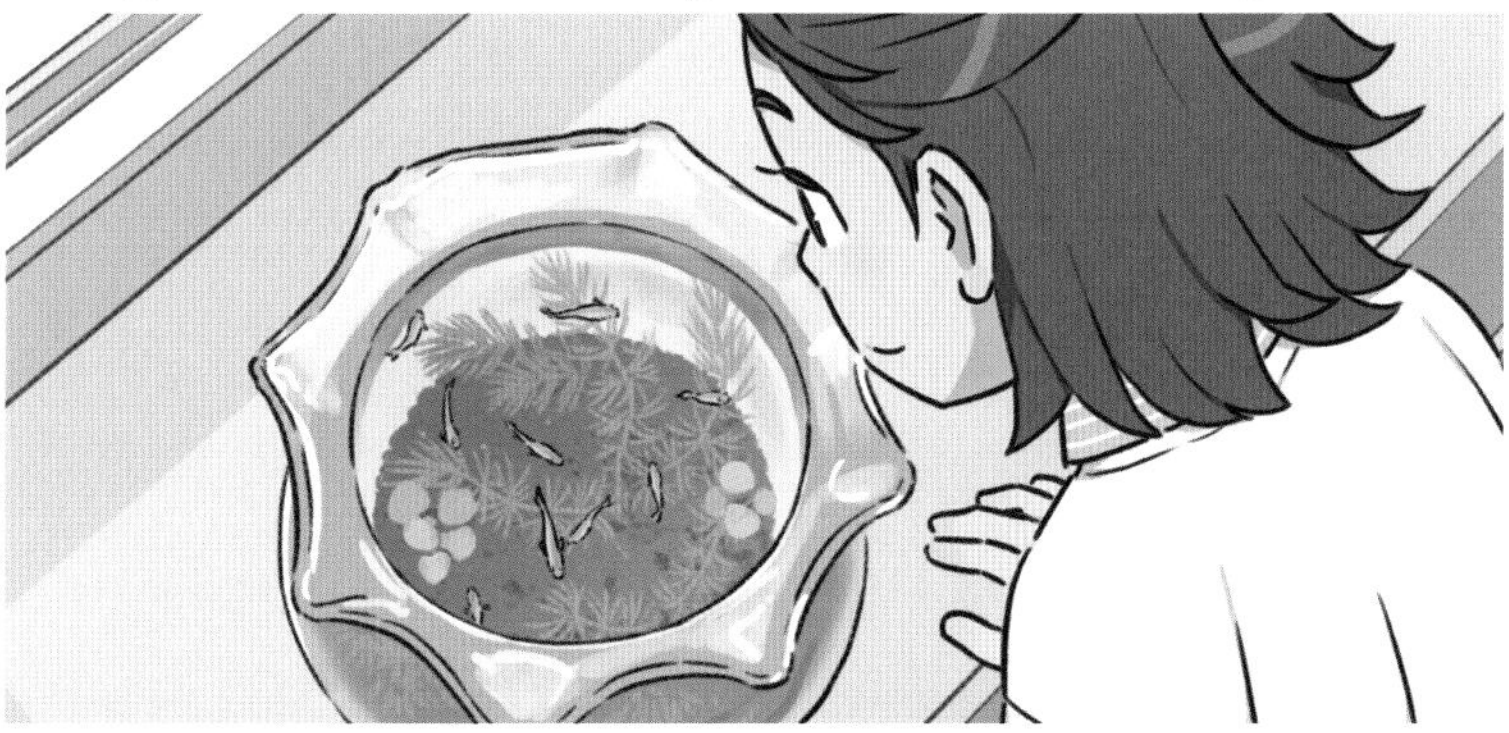

ウ　下から見た。

ことわざ・慣用句の問題にチャレンジ！

次の言葉の意味に合うものを選び、記号に○をつけましょう。

A 折り紙つき
- ア　おまけがあるということ。
- イ　問題があるということ。
- ウ　保証があるということ。

B 我を忘れる
- ア　もともとの目的を見失う。
- イ　自分の役割を果たしていない。
- ウ　興奮して理性をなくす。

C 白い目で見る
- ア　しっかりと目をこらして見る。
- イ　冷ややかな目で見る。
- ウ　見たようなふりをする。

答えは32・33ページ

なぞ05 銅像の呪い

正面玄関を出ようとした二人は、純のクラスの担任の川島先生に声をかけられました。

「やっぱり、まだ帰っていなかったのか。教室に荷物を置いたままだったから心配していたんだ。もうとっくに下校時間を過ぎているぞ。」

二人はそれぞれの教室へ荷物を取りに行き、今日はそのまま帰ることにしました。

「もう、二日がたっちゃうよ。期限は三日間なのに。まだ四つしかなぞを解いていない。」と、純は気が気でない様子です。

「まあまあ、落ち着いて。**雨が降ろうがやりが降ろうが**、私がクリアしてみせるから。」と、麻衣がきっぱりと返します。

「やっぱり麻衣も、霊界へ連れ去られるのはこわいよね？」

純が声をひそめてたずねると、麻衣は目を丸くしました。

「まだ、霊のしわざだって信じてたの？　そんな、Ⓐ**へそで茶をわかす**ようなことを……。人間のしわざに決まってるでしょ。」

「そりゃあ、ぼくだって、おかしいなと感じてはいるけど……。じゃあ、麻衣はこれをどう説明する？」

純は、サブバッグのポケットから白い紙を取りだしました。

学習日　／

1 純は、期限内になぞを全部解けないと、どうなると思っていますか。文章中から探して九文字で書きましょう。

□□□□□□□□□

2 ―Ⓐ麻衣がこう言ったのは、何を信じられなかったからですか。□に当てはまる言葉を文章中から探して書きましょう。

白い紙にあったはずの□が跡形もなく□いたこと。

3 黒い紙はどこにはりつけてありましたか。合うものを選んで記号に○をつけましょう。

ア　銅像を囲んでいる木。

イ　子どもの姿をした銅像。

「何、それ？」

「これは、玄関ホールの鉢受け皿の水の中から拾った紙だよ。」

「ああ、『たいいくかんのかがみ』って文字が書いてあった。」

純はうなずくと、今はもうすっかり乾いているその紙を広げてみせました。とたんに麻衣がⒷ**血相を変え**ます。

(あ)「うそっ？」

そこにあったはずの文字が、跡形もなく消えていたのです。

「霊のしわざじゃないとしたら、これは何？」

痛いところをつかれ、麻衣はくちびるをかみました。

次の日の昼休み。麻衣と純は、正面玄関前の銅像のところへ行きました。広場の片すみにある銅像を囲むようにして、背の高い木が数本生えています。銅像は、今にも走りだしそうな子どもの姿を表したものでした。

「あったよ！」

銅像の正面に立った純が、黒い紙を見つけました。台座になっている黒い石の下のほうにはりつけてあったのです。黒い紙を探そうと思わなければ、Ⓒ**目に留まら**なかったでしょう。

ウ 銅像の台座である黒い石。

ことわざ・慣用句の問題にチャレンジ！

次の言葉の意味に合うものを選び、記号に○をつけましょう。

Ⓐ へそで茶をわかす
- ア 絶対にできないこと。
- イ なかなか難しいこと。
- ウ ばかばかしいこと。

Ⓑ 血相を変える
- ア 感情が動いて顔色が変わる。
- イ 考え直して意見が変わる。
- ウ 引っ越して住む土地が変わる。

Ⓒ 目に留まる
- ア 目立って見える。
- イ 何度も見かける。
- ウ いつも見落とす。

答えは32・33ページ

純が、自分で二つ折りの黒い紙を開きました。「こわい！」の**一点張り**だった㋑純の変化におどろきつつ、麻衣が横から紙をのぞきこみます。

『七不思議の五つ目、「正面玄関前の広場の銅像の後ろ姿を見ると呪われる」。この像の呪いは強力であるため、けっして後ろ姿を見ないこと。

呪われたくなければ、次のなぞを解け。

次の文の中に、事実と異なる内容がある。

「この銅像のタイトルは『希望』で戦時中にここに建てられた」

・「この銅像のタイトルは『希望』」がまちがっている場合は図工室へ

・「戦時中にここに建てられた」がまちがっている場合は音楽室へ

答えをまちがえた場合は、呪われるだけでなく、霊界へ引きずりこまれる。』

紙に書かれた内容を読み終えた二人は、顔を見合わせました。

「この銅像、入学したときからあるのに、タイトルなんて知らなかった。」

「ぼくも。」と、純がうなずきます。

「『けっして後ろ姿を見ないこと』っていうのが、あやしいと思うんだよね。銅像って、台座にタイトルや完成した日とかを彫ってあったりするじゃない。おそらく、後ろ側にそれが記されているんじゃないかな。」

そう言いつつも、㋒麻衣も銅像の後ろ姿を見る気にはなれないようです。

「呪われるなんて本気にはしていないけど、答えを見るなんてくやしい！だけど、このままじゃどっちがどうなのか、**白黒つけられ**ないよ。」

めずらしく麻衣がⒹ**さじを投げて**しまいそうです。そうなっては、Ⓔ**万事**

4 ―㋑純のどんな行動を見て、麻衣は変化を感じたのですか。合うものを選んで記号に○をつけましょう。

ア 自分で黒い紙を開いた。

イ 一人でなぞを解こうとした。

ウ 麻衣に相談してきた。

5 ―㋒なぜですか。□に当てはまる言葉を文章中から探して十二文字で書きましょう。

□□□□□□□□□□□□から。

6 二人は銅像にまつわるどんなことに注目して、なぞの答えを導きましたか。合うものに○をつけましょう。

タイトル・建てられた時期

休す。あせった純は、なんとかヒントを見つけようと必死で考えます。

「タイトルが『希望』かどうかは、この像の姿だけではわからないな。二択なんだから、もう一つのほうを検討してみよう。『戦時中にここに建てられた』がまちがいかどうかは、よく考えたらわかるかもしれない。」

すると、麻衣もⒻ**一矢を報い**ようと、再び考え始めました。

「戦時中っていうのは、おそらく太平洋戦争のことだよね。戦争中に建てられたにしては新しい気がするなあ。そもそも戦時中って、学校に銅像を建てるようなこと、できたのかな？」

「それだっ！　物騒な話だけど、武器を作る金属が足りなくなって、戦前につくられた渋谷のハチ公の銅像が軍に提供されたって話を聞いたことがある。」と、純が興奮して言います。

「えっ、じゃあ、今のハチ公像は？」

「戦後に改めてつくられたものらしいよ。つまり、戦時中はそれぐらい金属が足りなくて困っていたってことだよ。そんなときに、わざわざここに銅像を建てたりしないよね。」

「たしかに。じゃあ、『戦時中にここに建てられた』がまちがいだ！」

こうして二人は、次は音楽室へ向かうことに決めました。

ことわざ・慣用句の問題にチャレンジ！

次の言葉を正しい意味で使っている文を選び、記号に○をつけましょう。

Ⓓ **さじを投げる**
㋐ 赤ちゃんがさじを投げる。
㋑ 難しい問題にさじを投げる。
㋒ 社会にさじを投げ続ける。

Ⓔ **万事休す**
㋐ 正月の町は万事休すになる。
㋑ 打つ手がなく、万事休すだ。
㋒ 万事休すでいそがしい。

Ⓕ **一矢を報いる**
㋐ 先に攻撃して、一矢を報いた。
㋑ 一矢を報いて、優勝した。
㋒ 一矢を報いて、完封を防いだ。

答えは32・33ページ

なぞ06

音楽室の恐怖

すぐに音楽室へ向かおうとする麻衣を、純が呼び止めました。

「ぼく、次の授業が体育なんだ。そろそろ教室へ戻って着がえないと。」

「じゃあ、続きは放課後だね。できるだけ急いで音楽室へ行こう。」

「うん。今日が期限の三日目なのに、まだ解いていないなぞが二つもあるから、Ⓐ**尻に火がついて**いるもんね。なんとか決着をつけないと！」

二人はうなずき合って、それぞれの教室へと戻りました。

放課後、麻衣と純は飛ぶようにして、音楽室へと向かいました。

「あれ？　おかしいな。」と、純がつぶやきます。

音楽室のドアの一部にはガラスがはめこまれていて、いつもなら中をのぞくことができるのですが、内側から何かでふさがれているようです。

「音楽の授業で映像を見るとき、光が入らないように、先生がこんなふうにふさいでいたことがあったけど……。今日はもう、授業はとっくに終わっているよね。」

いぶかしがりながらも、麻衣がドアに手をかけます。

「待って。いやな予感がする。麻衣にⒷ**危ない橋を渡らせる**わけにはいかない。もとはといえば、ぼくが黒い紙を見つけたんだ。ぼくが先に行く。」

学習日　／

1 二人が入ったとき、音楽室の中はどんな様子でしたか。文章中から探して四文字で書きましょう。

□□□□

2 ――㋐二人がこうなったのは、どんな音を聞いたからですか。文章中から探して十一文字で書きましょう。

□□□□□□□□□□□

3 ②の音がしたあと、どうなりましたか。合うものを選んで記号に○をつけましょう。

㋐ 特に何も起こらなかった。

㋑ 何もしなくても電気がついた。

㋒ 純がいなくなっていた。

虎穴に入らずんば虎子を得ず、とばかりに、純がドアを開けて踏みこむと、中は真っ暗闇と化していました。

音楽室には窓がたくさんあり、この時間だと外はまだ明るいはずですが、どうやら暗幕が引かれているようです。それに、防音機能のあるドアは重く、手をはなすとすぐに閉まってしまいました。

「そうだ、で、電気。まずは電気をつけよう。」と、純が手探りでスイッチを押そうとしたとき……、

パンッ！

闇の中に、何かが破裂するような音がひびいたのです。

「うわあああっ！」

「きゃあああっ！」

これには二人とも©**目を白黒させ**、㋐大声を上げてしゃがみこんでしまいました。

しかし、それ以上は、特に何事も起こる気配がありません。

一、二分後、先に立ち上がった麻衣が、手探りで電気のスイッチを押すと、たちまち音楽室の中がぱっと明るくなりました。

「だれも、いないね。」

まぶしそうに目を細めながら立ち上がった純

ことわざ・慣用句の問題にチャレンジ！

次の言葉の意味に合うものを選び、記号に○をつけましょう。

Ⓐ **尻に火がつく**
- ㋐ 走るのが速い様子。
- ㋑ 追いつめられた状態。
- ㋒ 思いがけない失敗。

Ⓑ **危ない橋を渡る**
- ㋐ 危険な方法をとる。
- ㋑ すっかり油断する。
- ㋒ 楽しもうとする。

Ⓒ **目を白黒させる**
- ㋐ びっくりして、あわてる。
- ㋑ できごとを不思議に思う。
- ㋒ 本当かどうかよく考える。

←答えは32・33ページ

が、辺りを見回します。

「私たちは、入り口のドアのすぐ近くにいたよね。もし、さっきの音を立てた人が出ていこうとしたら、ぶつかるはずだよ。」と、麻衣。

「ということは、さっきの音は、やはり霊のしわざってこと？」

言いながら、純は**顔をくもらせ**ます。

「Ⓓ**論より証拠**だよ。Ⓘ何かトリックがあるかもしれない。探してみよう。」

二人が音楽室の中をくまなく探して見つけたのは、薄手のビニールぶくろの破片でした。

「ビニールぶくろに空気を入れて、パンパンにふくらませてから、手で勢いよくたたいて割ると、さっき聞いたような音がするよね。」

つまんだ破片を注意深く見ながら、麻衣が推理します。

「たしかに似た音だったけど、一体だれが割ったの？」と、純。

「うーん。そこなんだよね。でも、あれが霊のしわざだったら、こんなものを残すはずないし。」

「ただのごみなのかな。そうじ当番の人が気づかなかったとか。」

麻衣は納得がいかない様子でしたが、それ以上は何もわからず、先に黒い紙を探すことにしました。

「ぼく、ここにあると思うんだ。ほらね、やっぱり。」

グランドピアノの下にもぐりこんだ純が、Ⓔ**鬼の首を取ったよう**に笑います。その手から二つ折りの黒い紙を受け取って、麻衣が開きました。

『七不思議の六つ目、「だれもいない音楽室から音がする」』。

4 ―Ⓘ探した結果、二人は何を見つけましたか。文章中から探して十三文字で書きましょう。

5 音を出すトリックに使われたもので、二人が見つけていないものはなんですか。文章中から探して六文字で書きましょう。

6 ⑤で答えたものが見当たらないのはなぜですか。□に当てはまる言葉を文章中から探して書きましょう。

溶けると［　　］になってしまうから。

おまえたちをおどろかせたものの正体は何か。六文字で答えよ。

手がかりは「明日井戸来」』

「あしたいどき？　あすいどくる？　なんて読むんだろ、これ。」と麻衣。

「見せて。あすいどらい？　うーん、読みをひらがなにして、並べかえると何かを表す言葉になるとか？」と純。

「あすいどらい……どらい、あすい……どらい、あいす。あっ、もしかして、ドライアイス？　そういえばドライアイスって、溶けたら気体になるんじゃなかったっけ？」

「そうだよ。しかも、気体になると体積がうんと大きくなるはず。前にアイスを買ったときにもらったドライアイスをふくろに入れて、ふくろの口をしばっていたら、溶けるとふくろが破裂するからやめてって店の人に言われたよ。」

それを聞いて、麻衣はⒻ**胸を張り**ました。

「じゃあ、やっぱりこれは霊のしわざじゃなくて、トリックってことね。仕組んだ犯人がいるんだ。――あれ、次はどこへ行くんだろ？」

「見のがすところだったけど、紙に書いてあったよ。『次は、牛頭骨へ。』だって。」

さっきと同じやり方で、次の行く先がわかった二人は、急いでその場所へ向かいました。

ことわざ・慣用句の問題にチャレンジ！

次の言葉を正しい意味で使っている文を選び、記号に○をつけましょう。

Ⓓ 論より証拠

ア　論より証拠で、現物を見せた。

イ　論より証拠で、話し合った。

ウ　論より証拠で、想像力を働かせた。

Ⓔ 鬼の首を取ったよう

ア　鬼の首を取ったように残酷だ。

イ　鬼の首を取ったようにこわがる。

ウ　鬼の首を取ったように喜ぶ。

Ⓕ 胸を張る

ア　自信がなくて胸を張る。

イ　胸を張って言える内容だ。

ウ　悲しい話を聞いて胸を張る。

← 答えは33・34ページ

なぞ07

無数の手形

「『うし、ず、こつ』を並べかえて『ず、こ、う、し、つ』。ここでまちがいないと思う。」

　図工室に着いた純と麻衣は、引き戸にはめこまれたガラスごしに中をのぞきました。室内にはだれもいないようです。

　慎重に戸を開けて中へ踏みこんだとたん、Ⓐ**面食らった**純が「うわあっ！」とさけび、**恥も外聞もなく**、麻衣の後ろに隠れました。

「何？　どうしたの？」

「あっ、あれ！　やっぱり、霊の……霊のしわざなんじゃ……。」

　純の視線の先には窓がありました。その一角に、半透明の無数の手形がつけられていたのです。

　さすがの麻衣も不気味さに一瞬ひるんだものの、窓ガラスの枠に、黒い紙がはりつけてあるのを見つけ、自ら近よっていきました。

　Ⓑ**腰が引けて**いる純は、その場に立ちつくすばかりです。麻衣は二つ折りの黒い紙を開き、純に向かって読み上げました。

『七不思議の七つ目は「図工室の窓に無数の手形が現れる」。この手形をすべてきれいに消すことができれば、七つのなぞをすべて解き明かしたと認めることとする。そして、この学校の児童たちを霊界へ引きずりこ

学習日　／

1 図工室に入った純は、何におどろいたのですか。□に当てはまる言葉を文章中から探して書きましょう。

窓ガラスの一角に □□□□□□□□ があったから。

2 ――(あ)麻衣がこう言うのは、(1)で答えたものが窓ガラスのどこにつけられていたからですか。合うものを選んで記号に○をつけましょう。

(ア) 窓ガラスの内側。

(イ) 窓ガラスの外側。

(ウ) 窓ガラスの上部。

3 (い)は、手に何のようなものをぬってつけたものだと考えられますか。文章中から探して書きましょう。

むのはやめ、おまえたちを解放する。』

　読み終わると、麻衣は純に歩みより、その手を取って窓の近くへ来させました。すっかりおびえてしまった純は、麻衣のなすがままです。

「見て、純。近くで見るとわかるけど、この手形は窓の内側からつけられている。ここは二階だから、窓の外側からつけられた手形だったら、霊のしわざだって言えるかもしれない。でも、これは明らかにだれかがここに立って、窓をさわってつけたものだよ。Ⓒ**耳にたこができる**かもしれないけど、何度でも言うよ。㋐やっぱりこれは人間のしわざだって！」

　こわごわ窓に近づく純の前で、麻衣はその手形にさわってみせました。すると、さわった部分だけ、手形が消えたのです。

「ほらね。これ、少し油っぽくて、ちょっといいにおいがするの。おそらく、ハンドクリームみたいなものを手のひらにぬって、ぺたぺたとあとをつけていったんじゃないかな？」

「そういえば、お姉ちゃんがハンドクリームをぬった手で窓をさわったら、ガラスに指のあとがついて、お母さんにいやがられてたよ。」

　二人は、図工室にあったきれいな雑巾を使って、手形を全部ふき取りました。

ことわざ・慣用句の問題にチャレンジ！

次の言葉の意味に合うものを選び、記号に○をつけましょう。

Ⓐ **面食らう**
- ㋐ まぶしくて目を閉じる。
- ㋑ おどろいて戸惑う。
- ㋒ 顔に何かをぶつけられる。

Ⓑ **腰が引ける**
- ㋐ こわくて消極的になる。
- ㋑ 強気な態度でふるまう。
- ㋒ 前に出る機会をうかがう。

Ⓒ **耳にたこができる**
- ㋐ 話が長すぎてつかれる。
- ㋑ 初めて聞く事実におどろく。
- ㋒ 何度も聞いていやになる。

答えは34ページ

なぞ01 霊界からの手紙

8～11ページ

【8・9ページ】

① 保育園・幼なじみ

解説
8ページ1・2行目に「西村麻衣のもとに、幼なじみでとなりのクラスの速川純が～。」とあり、さらに9ページ4行目の麻衣の言葉に「純が私をたよりにするのは、保育園のときからずっとでしょ。」とあることに注目しましょう。

② イ

解説
――あの直後に「麻衣からその黒い紙を遠ざけた」（8ページ17行目）とあります。また、――あの前の部分でも、「真っ黒な紙」（12行目）が話題になっていることから考えましょう。

③ 子どもたち・霊界

解説
9ページ12・13行目に「この学校の子どもたちを霊界へさらおうとしている。」とあることから考えましょう。

ことわざ・慣用句の問題にチャレンジ！

D ウ　E ウ　F イ

解説
「きつねにつままれる」は「意外なことが起こり、わけがわからずぽかんとする」、「腹をくくる」は「覚悟する」、「わき目もふらず」は「気を散らさずに一心に」という意味です。

言葉の学習
お話に出てきたことわざ・慣用句の意味を確かめましょう。

手を貸す……力を貸す。手伝う。

なぞ02 ひとりでに動く鉢

12～15ページ

【12・13ページ】

① コーヒーの木

解説
12ページ6行目の純の言葉に「これはコーヒーの木だね。葉っぱがつやつやしていて元気そう。」とあります。

② ア

解説
12ページ8行目で麻衣が「さすがは生き物好き。一目見ただけでよくわかるね。」と言っていることから考えましょう。

---

⑤ 日差し

解説
15ページ2行目の純の言葉に「この鉢、日差しに合わせて移動しているんじゃないかな。」とあることから考えましょう。

⑥ 校長先生

解説
15ページ9～11行目に「光に当てるとよいと聞いたから、午前中の間だけ、鉢を動かしているんだよ」とあります。直前に「ふり返ると、校長先生がにこに笑っています。」（8行目）とあるので、これは校長先生の言葉だと読み取れます。

ことわざ・慣用句の問題にチャレンジ！

D ウ　E ウ　F ア

解説
「気が立つ」は「いら立つ」、「出鼻をくじく」は「ものごとを始めようとするときの勢いをさまたげる」、「せきを切ったよう」は「こらえていたものが、どっとあふれだす様子」という意味です。

言葉の学習
お話に出てきたことわざ・慣用句の意味を確かめましょう。

掌上に運らす……手のひらの上で自由にあやつること。思い通りにすること。

首をひねる……理解できず、考えこんでいる様子。

ことわざ・慣用句の問題にチャレンジ!

Ⓐ イ
Ⓑ イ
Ⓒ ア

言葉の学習

お話に出てきたことわざ・慣用句の意味を確かめましょう。

水くさい……よそよそしい。他人行儀だ。

【10・11ページ】

④ ひま・いたずら

解説

10ページ4行目の麻衣の言葉に「全く、ひどいいたずら。よっぽどひまな人が考えたのね。」とあることから考えましょう。

⑤ 学校の図書室

解説

10ページ18～21行目の純の説明に注目しましょう。この中に「昼休みになってすぐ図書室に向かった。受付で借り出しの手続きをして、～」(19・20行目)とあり、図書室で本を借りたことが読み取れます。

⑥ 白い鉢

解説

11ページ14・15行目の麻衣の言葉に「白い8の下。あっ、白い鉢の下ってことじゃない?」とあることから考えましょう。

---

③ 二つ折り・黒い紙

解説

13ページ5・6行目に「鉢の下をのぞきこんだ純が、おそるおそる何かを引っ張りだします。～、黒い紙でした。」とあり、さらに「二つ折りになっている黒い紙」(8行目)とあることから考えましょう。

ことわざ・慣用句の問題にチャレンジ!

Ⓐ ア
Ⓑ イ
Ⓒ ア

言葉の学習

お話に出てきたことわざ・慣用句の意味を確かめましょう。

三つ子の魂百まで……幼いころの性格が、大人になっても変わらないということ。

火中の栗を拾う……他人のために危険をかえりみないというたとえ。

【14・15ページ】

④ 動いたか(どうか)

解説

14ページ5・6行目の麻衣の言葉に、「これで鉢の場所に印をつけておいて、明日確かめれば、夜の間に鉢が動いたかどうかがわかるよ。」とあることから考えましょう。

なぞ03 霊界へ連れ去る鏡

16・17ページ

【16・17ページ】

① 倉庫の中(体育倉庫)

解説

16ページ4～8行目で、麻衣と純は体育館の鏡について話しています。このやり取りに注目して読んでいくと、8行目の麻衣の言葉に「倉庫の中だよ。そこから出してきて使ったんだった。」とあります。

② 開いていた

解説

16ページ12・13行目に「麻衣が試しに引き戸に手をかけました。純は固唾をのんで見守ります。すると、倉庫の戸が開いたのです。」とあることから考えましょう。

③ 左右対称

解説

17ページ17～19行目に「□に入るA、H、T、Uは、どれも左右対称だ。あっ、それが『鏡に映しても形が同じ』ってことか!」とあります。左右対称とは、図形の真ん中にたて線を引いて折ったときに、線の右と左の形が重なることです。

ことわざ・慣用句の問題にチャレンジ！

Ⓐ ア　Ⓑ イ　Ⓒ ウ

言葉の学習

お話に出てきたことわざ・慣用句の意味を確かめましょう。

肝が小さい……度胸がない。

なぞ04 数が増減するメダカ 18・19ページ

【18・19ページ】

① 金魚鉢の下

解説
18ページ10行目に「金魚鉢の下に、黒い紙がしかれていました。」とあります。

② 金魚鉢・ガラス

解説
19ページ16・17行目に「ガラスが丸くなっているから、横から見るとゆがんで見えたんだよ。」とあります。ガラスとは、ここでは金魚鉢のガラスのことです。

---

② 文字・消えて

解説
21ページ7行目に「そこにあったはずの文字が、跡形もなく消えていたのです。」とあります。「そこ」とは、「玄関ホールの鉢受け皿の水の中から拾った紙」（2行目）のことです。

③ ウ

解説
21ページの18～20行目に「台座になっている黒い石の下のほうにはりつけてあったのです。」とあることから考えましょう。

ことわざ・慣用句の問題にチャレンジ！

Ⓐ ウ　Ⓑ ア　Ⓒ ア

言葉の学習

お話に出てきたことわざ・慣用句の意味を確かめましょう。

雨が降ろうがやりが降ろうが……どんなに大変なことでもやりとげるという、決意を表すたとえ。

痛いところをつく……相手の弱点を攻める。

言葉の学習

お話に出てきたことわざ・慣用句の意味を確かめましょう。

一点張り……一つのことだけを押し通すこと。

白黒つける……ものごとに決着をつける。

なぞ06 音楽室の恐怖 24～27ページ

【24・25ページ】

① 真っ暗闇

解説
25ページ1・2行目に「純がドアを開けて踏みこむと、中は真っ暗闇と化していました。」とあります。中とは、音楽室の中のことです。

② 何かが破裂するような音

解説
—あの前の部分、25ページ9・10行目に「闇の中に、何かが破裂するような音がひびいたのです。」とあります。十一文字という字数指定にも注意して、考えましょう。

③ ア

解説
25ページの15・16行目に「それ以上は、特に何事も起こる気配がありません。」とあることから考えましょう。17～19行目に注目すると、麻衣が電気をつけたのだとわかります。

③ ア

解説
19ページ13～15行目「麻衣は、～、上から金魚鉢をのぞいてみました。すると、今度は問題なくメダカを数えることができた」とあります。ガラスの曲面によって像がゆがんで見えていたので、ガラスのない上から見ると簡単に数えられたのです。

ことわざ・慣用句の問題にチャレンジ！
Ⓐ ウ
Ⓑ ウ
Ⓒ イ

言葉の学習
お話に出てきたことわざ・慣用句の意味を確かめましょう。
ほらを吹く……でたらめを言う。

なぞ05 銅像の呪い
20～23ページ

【20・21ページ】

① 霊界へ連れ去られる

解説
20ページ11行目の純の言葉に「やっぱり麻衣も、霊界へ連れ去られるのはこわいよね?」とあることから考えましょう。

【22・23ページ】

④ ア

解説
――いの直前に「純が、自分で二つ折りの黒い紙を開きました。」(22ページ1行目)とあります。この行動を見て、麻衣は純が変化したと考えたのです。

⑤ 答えを見るなんてくやしい

解説
22ページ19行目の麻衣の言葉に「呪われるなんて本気にはしていないけど、答えを見るなんてくやしい!」とあることから考えましょう。

⑥ 建てられた時期

解説
23ページ2～4行目の純の言葉に注目して考えましょう。「タイトルが『希望』かどうかは、この像の姿だけではわからないな。二択なんだから、もう一つのほうを検討してみよう。」(2・3行目)とあります。

ことわざ・慣用句の問題にチャレンジ！
Ⓓ イ
Ⓔ イ
Ⓕ ウ

解説
「さじを投げる」は「解決の方法が見つからないとして、手を引く」、「万事休す」は「もはや手段がなく、何をやってもだめだということ」、「一矢を報いる」は「自分に向けられた攻撃や非難に対し、反撃する」という意味です。

ことわざ・慣用句の問題にチャレンジ！
Ⓐ イ
Ⓑ ア
Ⓒ ア

言葉の学習
お話に出てきたことわざ・慣用句の意味を確かめましょう。
虎穴に入らずんば虎子を得ず……危険をおかさなければ、大きな成果は得られないことのたとえ。

【26・27ページ】

④ 薄手のビニールぶくろの破片

解説
26ページ7・8行目に「二人が音楽室の中をくまなく探して見つけたのは、薄手のビニールぶくろの破片でした。」とあります。

⑤ ドライアイス

解説
27ページ6・7行目の麻衣の言葉に「あっ、もしかして、ドライアイス?」とあります。これは、黒い紙に書かれた手がかりからたどり着いたもので、実際にドライアイスを発見してはいません。

⑥ 気体

解説

27ページ7行目の麻衣の言葉に注目して考えましょう。「ドライアイスって、溶けたら気体になる」とあります。気体になってしまったので、発見することができないのです。

ことわざ・慣用句の問題にチャレンジ！

Ⓓ ア　Ⓔ ウ　Ⓕ イ

解説

「論より証拠」は「論じるよりも証拠を示したほうが、事実が明らかになるということ」、「鬼の首を取ったよう」は「大きな手柄を立てたかのように、得意気な様子」、「胸を張る」は「得意になっている様子」という意味です。

言葉の学習

お話に出てきたことわざ・慣用句の意味を確かめましょう。

顔をくもらせる……表情を暗くする。

なぞ07 無数の手形

28・29ページ

【28・29ページ】

① 半透明の無数の手形

解説

28ページ9・10行目に「純の視線の先には窓がありました。その一角に、半透明の無数の手形がつけられていたのです。」とあります。純が麻衣に「あれ！」（8行目）と言ったのは、この手形のことだとわかります。

② ア

解説

29ページ4・5行目の麻衣の言葉に「この手形は窓の内側からつけられている。」とあります。窓の内側からなら、だれでも手形をつけられるので、麻衣は人のしわざだと考えたのです。

③ ハンドクリーム

解説

29ページの13～19行目の麻衣と純の会話をよく読んで考えましょう。窓についた手形は、ハンドクリームみたいなものを手のひらにぬってつけたものだと考えていることが読み取れます。

ことわざ・慣用句の問題にチャレンジ！

Ⓐ イ　Ⓑ ア　Ⓒ ウ

言葉の学習

お話に出てきたことわざ・慣用句の意味を確かめましょう。

恥も外聞もない……恥ずかしいとか、どう思われるかを気にしない。なりふりかまわず。

2章

終わらない犯人探し

幼なじみの純が麻衣に見せた真っ黒な紙。そこには、
「三日以内に学校にまつわる七つのなぞを
すべて解くことができなければ、
学校ごと霊界へ吸いこまれることとなる――。」
と書かれていました。

三日以内に、見事七つのなぞを解くことができた
二人でしたが、一体だれがなんのために
仕組んだのかがわかりません。

二人は黒い紙の差出人とその真相を探るべく
動きだします。果たして
犯人をつき止めることができるのでしょうか。

なぞ08 黒い紙の差出人

三日という期限内に、見事七つのなぞを解決した純と麻衣。

しかし、麻衣は納得がいかない様子です。

「あのなぞを仕組んだ犯人を見つけないと、Ⓐ**腹の虫がおさまらない**！」

窓ガラスについた手形をふき取るのは、思いのほか大変な作業でした。下手にこすると手形がのびてしまい、さらに汚れが広がるのです。

しかも、校内を見回りにきた教頭先生に見つかり、窓ガラスを汚したのは自分たちだと勘ちがいされたのですから、麻衣がおこるのも無理はありません。

「まあまあ。ⓐ教頭先生の誤解も解けたし、もういいじゃない。」

純が、**怒り心頭に発している**麻衣をなだめます。

「そういうわけにはいかないよ。純も見たでしょう？　あの手形、大きさも私の手と変わらなかったし、窓の高いところにはついていなかった。ということは、ⓘ私たちとそこまで体格の変わらない、うちの学校のだれかがたくらんだにちがいないよ。私はなんとしても犯人を見つけたい！　そしたら少しはⒷ**胸がすく**と思う。」

「その気持ちはわかるし、**乗りかかった船**だから、犯人探しには協力するよ。でも、七不思議にまつわるなぞ解きを考えたのが同じ学校の子だと

学習日　／

1 ―ⓐ どんな誤解をされたのですか。□に当てはまる言葉を文章中から探して書きましょう。

窓ガラスについた、□の汚れをふき取っていたのに、麻衣と純が□のだと誤解された。

2 ―ⓘ 麻衣がこう考えた理由となるものはなんですか。合わないものを選んで記号に○をつけましょう。

ア 手形の大きさ

イ 手形をつけるための道具

ウ 手形がつけられていた位置

3 純は、犯人が同じ学校の人だったら、どうなりたいと考えましたか。それがわかる部分を文章中から探して九文字で書きましょう。

□□□□□□□□□

したら、すごくない？　ぼくは仲良くなってみたいけどな。」

「えーっ、純ってお人よしすぎない？　霊かもしれないじゃない。」

「ちょ、ちょっとやめてよ。ちがうって言ったのは麻衣だろ。」

　このとき、二人の後ろで©**耳を澄まして**いる人物がいたことに、純も麻衣も気づいてはいませんでした。


　次の日の昼休み。二人は図書室を訪れました。入り口に立っていたのは、六年三組の図書委員の森田りおでした。去年同じクラスだった麻衣を、りおは笑顔でむかえます。

「麻衣ちゃん！　本を借りにきてくれたの？」

「ううん、今日はちがうの。ちょっと聞きたいことがあって。それにしても昼休みの図書室って結構混み合うんだね。」

「いつもはこうじゃないよ。今、ちょうど『読書おすすめ月間』っていう、イベント中だから、にぎわっているの。はい、二人ともここに学年と組、氏名を書いて。」

　りおにえんぴつと用紙をわたされ、麻衣は戸惑いました。

「これは何？」

ことわざ・慣用句の問題にチャレンジ！

次の言葉の意味に合うものを選び、記号に○をつけましょう。

Ⓐ **腹の虫がおさまらない**
- ア　腹が立ってしかたがない。
- イ　腹が減ってしかたがない。
- ウ　腹の調子が悪い。

Ⓑ **胸がすく**
- ア　心が晴れる。
- イ　心が満たされない。
- ウ　心によゆうがある。

Ⓒ **耳を澄ます**
- ア　たまたま聞きのがす。
- イ　要望を聞き入れる。
- ウ　よく聞こうとする。

←答えは64・65ページ

「そういえば……。」と、純が会話に加わります。

㋒「今はイベント中で、図書室に来るだけでポイントをもらえるって、この前教えてもらったよ。」

　そうそう、とうなずきながら、りおがくわしく説明してくれました。

「図書室へ来ただけで一日一ポイント、貸し出しカウンターで本を借りたら、さらに二ポイントもらえるの。学年別で、ポイントの多い順から三名が、好きな本を一冊、図書室に入れてもらう権利を獲得できるんだよ。いろいろとⒹ**手を広げて**いきたくてね。みんなで考えたイベントなんだ。Ⓔ**閑古鳥が鳴く**図書室なんて切ないし。」

「言われてみれば、私のクラスの図書委員の人も呼びかけていたかも。ところで、そのポイントって、どうやって計算するの？」と、麻衣。

「このパソコンに全児童の名簿が入っているの。この紙に学年とクラス、名前を書いてもらったら、その情報を打ちこんで、名簿内で検索する。名前が見つかったら、そこにポイントを加算するっていうしくみ。」

「そっか。一ポイントでも、毎日通えば**塵も積もれば山となる**、だよね。読みたい本がすでに借りられていた場合でも、来ただけでポイントがもらえるのはいいかも。――ということは、この期間中に図書室で本を借りた人や、図書室に入った人を特定できるってこと？」

　麻衣がさらにたずねると、「そうなるね。」と、りおがうなずきました。

　今度は、純がりおに話しかけます。

「実は……三日前、予約していた本を借りたんだけど、その中にはさまっ

4 ―㋒何ポイントもらえますか。合うものを選んで記号に○をつけましょう。

㋐ 一日一ポイント

㋑ 一日二ポイント

㋒ 一日三ポイント

5 ―㋒麻衣は、この制度から何を特定できると考えましたか。文章中から探して書きましょう。

6 純の前に、黒い紙がはさまっていた本を借りたのはだれですか。文章中から探して名前を書きましょう。

ていたものがあったんだ。でも、だれのものかわからないから、ぼくの前にその本を借りた人に、心当たりがないか聞いてみたいんだけど。」

「本にはさまっていたものなら、こっちで預かるよ。ほら、そこに忘れ物コーナーもあるし。」と、りおが図書室のすみを指さします。

「そ、それは……。はさまっていたものは黒い紙……いや、手紙なんだ。忘れ物コーナーに置かれて、いろんな人に見られたらかわいそうかな。」

「ああ、そういうことだったの。えっと、純くんだっけ？　その本って、『秘密探偵シリーズ』の最新刊じゃない？」

「そうそう！」純がうなずきます。

「私が貸し出しの受付をしたから覚えてる。純くんの前にあの本を借りたの、私だよ。」

「えっ、そうだったんだ！」

「あの本、面白かったよね。二回も読んじゃった。でも、手紙なんてはさまっていなかったよ。」

そう言うりおに、麻衣はⒻ**一か八か**、七不思議についての質問もしてみましたが、

「ああ、三つくらいは聞いたことがある。旧校舎のトイレとか、プールの横の更衣室とか、あと一つはなんだっけ……。思い出せないなあ。」

という返事で、特に参考になりそうなことはありませんでした。

ことわざ・慣用句の問題にチャレンジ！

次の言葉を正しい意味で使っている文を選び、記号に○をつけましょう。

Ⓓ 手を広げる

ア 墓前で手を広げる。
イ 新しい商売に手を広げる。
ウ 作文に手を広げる。

Ⓔ 閑古鳥が鳴く

ア 閑古鳥が鳴くので帰宅する。
イ 平日の店に閑古鳥が鳴く。
ウ 閑古鳥が鳴く思いで過ごす。

Ⓕ 一か八か

ア 一か八か勝負に出る。
イ 一か八かのんびりする。
ウ 一か八かでそれほど変わらない。

答えは64・65ページ

なぞ09

容疑者の人数

麻衣と純は、家へ帰る道すがら、七不思議のなぞ解きを仕組んだ人物について、話し合っていました。

「りおちゃんを疑っているわけじゃないけど、話してくれたことがすべて本当かどうかはわからないよね。」

という麻衣に、純は困惑した様子で答えます。

「りおさんがなぞ解きを仕組んだ当人で、**うそ八百を並べて**いたかもしれないってこと？　そんなⒶ**腹に一物**ある感じはしなかったけどなあ。」

　そこへ、後ろから「麻衣ちゃん、純くん！」と声をかけられました。ふり返ると、二人のほうへ走ってくる、りおの姿がありました。

「呼び止めちゃって、ごめんね。さっき言っていた手紙のこと、あのあと、何かわかったかなと思って。」

「それがさっぱりわからないんだ。」

　麻衣がそう答えたあとで、純がりおに質問しました。

「りおさんが図書室に本を返したあと、次に予約していたぼくが取りに行くまで、本はどこに置いてあったの？」

「予約が入っている本が返却されたら、図書室のワゴンに並べておくことになっているの。」と、りお。今度は麻衣がたずねます。

学習日　／

1 返却された予約本は、どこに並べられていましたか。文章中から探して七文字で書きましょう。

□□□□□□□

2 ―ⓐどういう可能性ですか。□に当てはまる言葉を文章中から探して、それぞれ三文字で書きましょう。

並べてある□□□に、□□□をはさむことができる可能性。

3 ―ⓘこの人数がわかれば、何が明らかになりますか。合うものを選んで記号に○をつけましょう。

ア 犯人の数

イ 犯人かもしれない人の数

「そのワゴンは、どんなふうに管理されているの？」

「ワゴンには、『ここにある書籍は予約本。貸し出し不可』と張り紙をしてあるだけで、厳重に管理されているとは言えないね。」

「じゃあ、だれかがワゴンにある本に、黒い紙……じゃなくて手紙をはさもうとすれば、できなくはないってことだよね。」

「（あ）そういう可能性もあると思う。図書室が混み合っていたら、ワゴンのことまで気が回らないときも多いし。それでね、ちょっと気になったから、（い）私が本を返してから、純くんが取りに来るまでの間、図書室へやってきた人がどのぐらいいるか、調べてみたの。」

「すごい！　きっと、その中に手紙をはさんだ人がいるよね？」

麻衣のⒷ**声がはずみ**ます。しかし、りおの顔色はさえません。

「それが……。全学年を合わせると三十二人もいたの。」

「そんなに？」

「それだけ大勢の人に、話を聞いて回ったら、Ⓒ**あごを出す**ことになるなあ。」

二人はがっくりと肩を落としてしまいました。

ウ　犯人

ことわざ・慣用句の問題にチャレンジ！

次の言葉の意味に合うものを選び、記号に○をつけましょう。

Ⓐ 腹に一物
- ア　満腹であること。
- イ　臓器に病気があること。
- ウ　心にたくらみがあること。

Ⓑ 声がはずむ
- ア　生き生きとした声で話す。
- イ　緊張によるふるえ声で話す。
- ウ　息を切らしつつ話す。

Ⓒ あごを出す
- ア　人をばかにする様子。
- イ　他人の会話に口をはさむ様子。
- ウ　かなり疲れ切った様子。

答えは64・65ページ

なぞ10

新たな手がかり

「何もはさまっていなかったという、りおちゃんの証言が真実だとすると、本の間に黒い紙をはさんだ人物は、三十二人の中にいるはずなんだよね。」

と、麻衣が真剣な顔つきで言います。

「だけど、一人ひとりに聞いて回るとなると、ずいぶんⒶ**気が長い**話になっちゃうなあ。」と、純。

「仮に全員に話を聞いたとしても、もし犯人がうそをついていたら、見破れる気がしないよね。もっと何か、犯人を特定できそうな情報を他にも集めないと、努力しても**水泡に帰する**ことになりそう。」

「そうだね。ⓐいったん、別の角度から考え直してみよう。」

二人は、それぞれの家に帰って荷物を置いたあと、近所の公園に集合しました。

「学校以外で話すときは、ここを作戦本部にしようよ。」

と言って、麻衣が木製のベンチとテーブルがある場所に陣取ると、純が手がかりとなりそうなものをテーブルの上に並べました。

「これが、ぼくが予約して借りた本。そして、こっちが七不思議となぞ解きが書いてあった黒い紙、全部で七枚。」

本を手に取った麻衣が、ぱらぱらとページをめくります。

学習日 ／

1 ―ⓐどんな情報を集める必要があると考えたからですか。□に当てはまる言葉を文章中から探して書きましょう。

犯人を □ 情報

2 麻衣と純は、どこを作戦本部にしましたか。合うものを選んで記号に○をつけましょう。

ア 麻衣の家

イ 純の家

ウ 近所の公園

3 ―ⓘそれにもかかわらず、犯人が予約本に紙をはさんだのはなぜですか。麻衣が考えた理由を、文章中から探して十四文字で書きましょう。

「印がつけてあるとか、ヒントになることが見つかるかなと思ったけど、何も異常はなさそうだね。」

「黒い紙も、パソコンで印字してあるだけだし、どこにでもありそうな紙だから、ここから何か特定できるとは思えないね。それにしても、なんでこの本に黒い紙をはさんだのかな？」と、純。

「うーん、なんでだろう？　たとえば、別の本に黒い紙をはさむとする。」

麻衣が立ち上がり、名探偵さながら、あごに手を当てて推理します。

「予約が入っていない本は、本棚に並んでいる。Ⓑ**足がつかない**ように実行するなら、Ⓘ本棚の本に紙をはさむほうが、よっぽどやりやすい。」

そうだね、と純が**相槌を打ち**ます。

「そこをあえて、ワゴンに置いてある予約本にはさむってことは……。」麻衣が続けます。

「確実に黒い紙を発見させるためだ！　だって、本棚にある本は、いつだれが借りるかは見当もつかない。だけど、予約が入っている本なら、近いうちに必ずだれかが借りていって本を開き、黒い紙を発見せずにはいられない。」

「なるほど！　きっと、そうだよ。」

一瞬、盛り上がった二人でしたが、すぐにⒸ**青菜に塩**と化してしまいました。

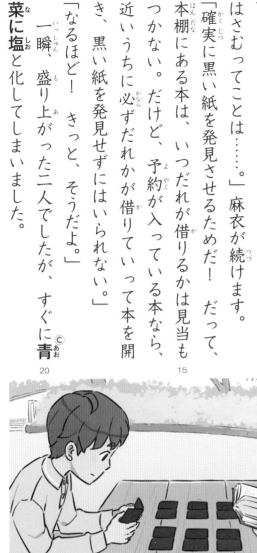

ことわざ・慣用句の問題にチャレンジ！

次の言葉の意味に合うものを選び、記号に○をつけましょう。

Ⓐ **気が長い**
- ア　長時間、集中できる。
- イ　のんびり構える。
- ウ　すぐに怒る。

Ⓑ **足がつく**
- ア　追いつかれる。
- イ　うまくにげきる。
- ウ　犯罪が明らかになる。

Ⓒ **青菜に塩**
- ア　元気のない様子。
- イ　張り切っている様子。
- ウ　血色のよい様子。

←答えは64・65ページ

「それがわかったところで、犯人探しは前進しないな。Ⓓ**八方ふさがり**だよ。他に何か手がかりを見つけないと……。」

「麻衣、**さじを投げる**のはまだ早いよ。えーと、ほら、あれは？　植木鉢の下にあった白い紙。」

「ああ、思い出した。文字が消えていた紙だね。あれって、どうしたの？」

「ごみ箱に捨てるのもよくない気がして、学校の机の引き出しにしまったままなんだ。」

「文字が消えたままなら、なんの証拠にもならないよね。それにしても、どうして文字が消えたんだろう？　やっぱり霊のしわざなのかなあ。」

ため息まじりの麻衣の言葉に、純はぎょっとしています。そこへ、

「㋒そうだっ！　体育館の倉庫だよ。」

と、麻衣が声を張り上げたので、純はひっくり返りそうになりました。

「な、何がっ？」

「あの紙に書いてあった文字って、『たいいくかんの鏡』だったよね？　鏡は体育館の倉庫の中にあって、黒い紙がはってあった。」

純の様子にはおかまいなしで、麻衣が続けます。

「つまり、犯人は、私たちが行く前に、体育館の倉庫の中に入って、鏡に黒い紙をはりつけたんだよ。」

Ⓔ**立て板に水**を流すように、麻衣は話し続けました。

「体育倉庫には、ふつう鍵がかかっているはず。だけどあのとき、倉庫の鍵は開いていた。鍵を借りるには、先生に理由を話して、貸し出し表に

4 ―㋒麻衣がこう言ったのは、どんなことを思いついたからですか。

麻衣と純が体育倉庫へ行った日の、鍵の［　　］を見れば、犯人の［　　］がわかるということ。

5 麻衣はどうやって、鍵を借りた人の情報を確認しようとしましたか。合うものを選んで記号に○をつけましょう。

㋐ 落とし物をしたことにした。

㋑ そうじ当番のふりをした。

㋒ 鍵をなくしたことにした。

6 麻衣が作戦を実行した結果、犯人かもしれないと思える人物は何人見つかりましたか。人数を数字で書きましょう。

［　　］

名前を書かなくちゃいけないじゃない。」

「あっ、そうか。じゃあ、貸し出し表を見れば、あのとき倉庫を開けた人物がわかるってことだね。でも、どうやって表を確かめるの？」

「**うそも方便**。私にまかせて！」

次の日、一時間目が終わるやいなや、麻衣は純をさそって職員室へ行き、担任の先生に「体育倉庫の鍵を貸してください。」と頼みました。

「どうしたの？　西村さん、何か忘れ物？」

「この前の体育の時間、かみの毛につけていたピンをはずして、体操着のポケットに入れていたんですが、どこかに落としてしまったみたいで。体育館にはなかったから、倉庫にボールを返したときに落としたのかなって思ったんです。見てきていいですか？」

「そうだったの。じゃあ、ここに学年とクラス、名前を書いて。」

先生から貸し出し表を受け取った麻衣は、名前を書きながら、すでに記入してある部分をすばやく確認しました。

しかし、Ⓕ**型破り**な作戦を実行したにもかかわらず、麻衣と純が倉庫で黒い紙を見つけた日に鍵を借りた人は、ひとりもいなかったのです。

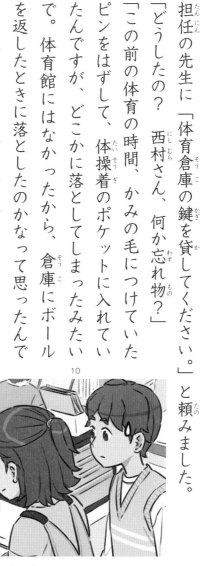

ことわざ・慣用句の問題にチャレンジ！

次の言葉を正しい意味で使っている文を選び、記号に○をつけましょう。

Ⓓ八方ふさがり

ア　八方ふさがりの現状を打破する。
イ　八方ふさがりで順調に進む。
ウ　八方ふさがりで有名な土地。

Ⓔ立て板に水

ア　彼の話しぶりは立て板に水だった。
イ　立て板に水で、作業はすぐ終わる。
ウ　姉の歩き方は立て板に水だ。

Ⓕ型破り

ア　セミが型破りをする。
イ　型破りを使ってクッキーを作る。
ウ　型破りな人物が会社を救った。

←答えは65～67ページ

なぞ11

生きている紙

あてがはずれて落ちこむ麻衣のⒶ**顔を立て**ようと、純がはげまします。

「倉庫の鍵に注目したこと自体は、いい線いっていると思うんだ。ぼくたちが倉庫へ行ったとき、鍵が開いていたってことは、ぼくらよりも前に体育館にいただれかが、鍵を閉めていないってことになるよね？」

「それがどうかしたの？」と、麻衣。

「貸し出し表に名前を書いて、鍵を借りた人物はいない。ということは、だれかが個人的に鍵を借りたんじゃなくて、体育の授業で倉庫を使ったから、倉庫の鍵が開いていたってことじゃない？」

「そっか。わたしたちが倉庫へ行ったのは放課後だから、(あ)あの日の六時間目に体育の授業があったクラスを探せば、何かわかるかもしれない。」

Ⓑ**鉄は熱いうちに打て**、と言わんばかりに、麻衣は六年生のクラスから順に、時間割を確認していきました。すると、六年三組が当てはまりました。

「三組っていったら和也のクラスだ。聞いてみよう！」

和也というのは、同じ町内に住む、二人の共通の友だちです。

休み時間、純と麻衣は和也をたずねて、三組へ向かいました。

「三日前の体育の授業？　ああ、その日はバスケットボールを使って、ドリブルやパスの練習をしたよ。」

学習日　／

1 —(あ)どのクラスでしたか。文章中から探して学年と組を書きましょう。

[　　　　]

2 —(い)どんな情報ですか。□に当てはまる言葉を文章中から探して書きましょう。

日直だった[　　　　]が、倉庫の鍵を[　　　　]に、先生にわたしたという情報。

3 犯人に関係のない条件はどれですか。合うものを選んで記号に○をつけましょう。

ア　六年三組の児童
イ　倉庫の鍵を借りた人物
ウ　図書室を訪れた三十二人

「授業中、倉庫の鍵は開いていた？」と、純がたずねます。

「うん、開いてたよ。倉庫から、ボールが入ったかごを出したのは、日直だったオレだし。えっ、授業が終わったあと？　うちのクラスは、いつもは日直が鍵をかけるんだけど、あの日は先生に『職員会議が終わったら備品の搬入をするから、そのままにしておいて。』と言われたから、鍵はかけずに先生にわたしたんだ。で、なんでこんなこと聞くの？」

麻衣と純は「うん、ちょっとね。」と**言葉をにごし**、そそくさと三組の教室をあとにしました。

（い）「かなり有力な情報を聞けたね。」と、麻衣が目をかがやかせます。

「うん。きっと犯人は、和也と先生のやりとりを聞いていたんだ。そして、だれもいないタイミングを見計らって倉庫へ入り、黒い紙を鏡にはった。」と、純。

「放課後、そうじが終わって職員会議が始まったころ、わたしたちが倉庫へ行ったんだ。」

「となると、六年三組の児童の中に、犯人がいる可能性が高いことがⓒ**裏打ち**されたね。」

「うん。りおちゃんが本を返してから、純が取りにいくまでの間に図書室を訪れた三十二人の中に、三日前の体育の授業に参加した六年三組

ことわざ・慣用句の問題にチャレンジ！

次の言葉の意味に合うものを選び、記号に○をつけましょう。

Ⓐ **顔を立てる**
- ア　面目を保つ。
- イ　正面を向く。
- ウ　前向きになる。

Ⓑ **鉄は熱いうちに打て**
- ア　熱意があるうちに行動すべき。
- イ　あえて大変なことに取り組め。
- ウ　ものごとの本質を見きわめよ。

Ⓒ **裏打ち**
- ア　不確かなまま実行すること。
- イ　他の角度から確実にすること。
- ウ　今後の動きを予想すること。

← 答えは66・67ページ

の児童がいれば、その人物が犯人かもしれない。」

　昼休み、二人は再び図書委員のりおをたずねました。

「こないだの三十二人の中に、六年三組の人がいるかどうか？　待ってて、今、調べるね。」

　りおに調べてもらった結果、三十二人中六人が、六年三組の児童であることがわかりました。

「よし、三十二人が六人になったぞ！」と、図書室にいることをすっかり忘れた純が大声を出し、周囲の人たちににらまれました。

「うっ、しまった。**覆水盆に返らず**……。一気にⒹ**針のむしろ**と化したよ。」

　純が小声で麻衣に泣きつきます。

「これから静かにしていれば、Ⓔ**水に流し**てくれるよ。さて、六人までしぼれたものの、ここからどうしたらいいんだろう。あの白い紙の文字が復活したら、筆跡がわかって、大きな手がかりになりそうだけどな。」

「ダメもとで、もう一度確かめてみようか。」

　そこで、㋒<u>純は自分の教室へ戻り、机の引き出しに入れてあった白い紙を持ってきました。</u>

　純から受け取った紙を、麻衣が広げようとしたとき、手がすべって紙が空中にただよいました。そのとき、たまたま開いていたろうかの窓から風が吹きつけ、ひらひらと舞い上がった紙が、手洗い用の流しに残っていた水の上へ着地し、水びたしになってしまったのです。

「今、まるで紙が生きているみたいじゃなかった？　やっぱり、霊のしわ

4 りおに調べてもらったことで、容疑者の数は何人になりましたか。

□人

5 ——㋒何を確かめようと、持ってきたのですか。□に当てはまる言葉を文章中から探して書きましょう。

犯人の□

6 白い紙に、再び文字がうかび上がったのは、紙がどうなったからですか。合うものを選んで記号に○をつけましょう。

㋐ 洗剤がかかったから。
㋑ 水にぬれたから。
㋒ 教頭先生がさわったから。

ざなのかな。」と、純が青ざめます。

「あーあ、びしょぬれになっちゃった。霊のしわざなら、早く拾わないとバチがあたるかも。」

そう言いながら、紙を拾い上げた麻衣は、はっと息をのみました。

その様子を見て、純もこわごわ紙をのぞきこみます。

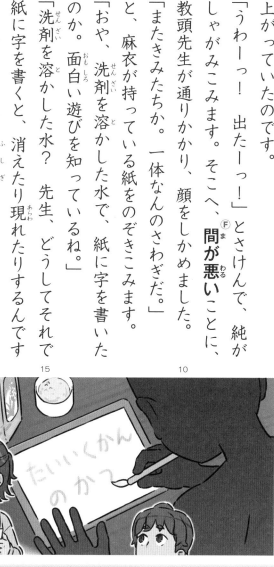

すると、そこには再び『たいいくかんのかがみ』という文字がうかび上がっていたのです。

「うわーっ！　出たーっ！」とさけんで、純がしゃがみこみます。そこへ、Ⓕ**間が悪い**ことに、教頭先生が通りかかり、顔をしかめました。

「またきみたちか。一体なんのさわぎだ。」

と、麻衣が持っている紙をのぞきこみます。

「おや、洗剤を溶かした水で、紙に字を書いたのか。面白い遊びを知っているね。」

「洗剤を溶かした水？　先生、どうしてそれで紙に字を書くと、消えたり現れたりするんですか？」と、麻衣が不思議そうにたずねます。

「洗剤にふくまれている界面活性剤のしわざなんだ。紙がかわくと字が見えなくなるのに、水につけるとまた出てくるんだよ。」

と、教頭先生が教えてくれました。

ことわざ・慣用句の問題にチャレンジ！

次の言葉を正しい意味で使っている文を選び、記号に○をつけましょう。

Ⓓ **針のむしろ**

ア　青々とした草が針のむしろだ。

イ　注目されて針のむしろだ。

ウ　針のむしろをしいてくつろぐ。

Ⓔ **水に流す**

ア　受けた恩を水に流す。

イ　ひどい仕打ちを水に流す。

ウ　美しい思い出を水に流す。

Ⓕ **間が悪い**

ア　間が悪く、相手は不在だった。

イ　この家のつくりは間が悪い。

ウ　間が悪く、荷物を受け取れた。

← 答えは66・67ページ

なぞ12 犯人の筆跡

学習日 ／

麻衣は、ぬらすと文字がうかび上がる白い紙を、家に持ち帰りました。そして、水にひたした状態で家族に写真を撮ってもらい、週が明けた月曜日に、プリントしたその写真を学校に持ってきて、純に見せました。

「これはものすごく有力な証拠。だけど、常に水びたしで持ち歩くわけにはいかないもの。ここへ入るときは特にね。」

二人は今、図書室の前へ来ています。

ポイントをもらえるイベントはまだ続いていて、今日も図書室は混んでいましたが、**手が離れた**ところを見計らって、二人はりおにあることをお願いしました。

「いいよ。ちょっと待ってて。」

りおにたのんだのは、先日教えてもらった六人が、ポイントを得るために自分で名前を書いた紙を見せてもらうことでした。

「はい、これ。」

りおから紙を受け取った麻衣は、純とともに、人けの少ない閲覧コーナーへ向かいました。

名前を書く紙には、ⓐひらがなで読みがなを書くらんがあります。ここに書かれた文字と、写真の中の『たいいくかんのかがみ』という文字と

1 麻衣は、有力な証拠を持ち歩くために、どうしましたか。□に当てはまる言葉を文章中から探して書きましょう。

家族に［　　　］を撮ってもらい、それを［　　　］した。

2 ―ⓐ このうち、麻衣はどんなところに注目しましたか。文章中から探して□に当てはまるように書きましょう。

［　　］の文字の［　　］画目。

3 ―ⓘ さらに容疑者をしぼるため、純は何に注目しましたか。合うものを選んで記号に○をつけましょう。

ア 字の大きさ

イ 背の高さ

を見比べようというのです。

「ここ、見て。」と、麻衣が写真の中の文字のうち、「い」を指さします。

「『い』の一画目って、最後にはねるよね。だけど、写真の中の『い』は、全くはねていない。偶然だと思うけど、六人全員の名前に『い』の字が入っているの。これで犯人を特定できると思うんだ。」と、麻衣。

「なるほど。『い』がⒶ**明暗を分ける**ってわけか。」と、純が感心します。

ところが、「い」の一画目をはねずに書いている人は、麻衣の予想に反して四人いることがわかりました。

㋑「容疑者がまだ四人もいるとは……。井原優美、久留寿頼、市田英太、柏木幸一……か。Ⓑ**紅一点**の優美ちゃんのことは知ってる。」

「さらに一人にしぼるために、何か打つ手はないかな。——ん？　手っていえば……。」

純が目をかがやかせて続けます。

「あるじゃないか、もう一つ大きな証拠！　手だよ。窓に残っていた手あとの大きさ。麻衣の手と同じぐらいだったんだよね。この四人と手の大きさを比べてみればいいんだよ。」

「そっか！　純って時々、**目から鼻に抜ける**ようにかしこいね。」

と、麻衣はⒸ**目を細め**ました。

ウ　手の大きさ

ことわざ・慣用句の問題にチャレンジ！

次の言葉の意味に合うものを選び、記号に○をつけましょう。

Ⓐ **明暗を分ける**
- ア　昼と夜で印象が変わる。
- イ　ある程度のところで区切る。
- ウ　勝敗などがはっきりする。

Ⓑ **紅一点**
- ア　ほほを赤く染めた人物。
- イ　口紅だけをぬる化粧。
- ウ　男性の中に一人いる女性。

Ⓒ **目を細める**
- ア　ほほ笑みをうかべる。
- イ　冷ややかな笑みをうかべる。
- ウ　不機嫌そうな表情をする。

← 答えは66・67ページ

なぞ13 容疑者をしぼるには

麻衣と純が六年三組の教室に行くと、㋐四人の容疑者のうち井原優美と柏木幸一がいました。

「優美ちゃん、ちょっと手の大きさを比べてくれない？」

Ⓐ**腰が低く**ておっとりした性格の優美は、麻衣のとつぜんの申し出にも動じず、「どうしたの？」と笑いながら、手のひらを合わせてくれました。

麻衣よりも一回りほど体格のいい優美の手は、麻衣よりずっと大きく、たちまち容疑者からはずれることになりました。

一方、柏木幸一の手は、ちょうど麻衣と同じぐらいの大きさで、容疑者からはずすことはできませんでした。

純が試しに、七不思議について質問してみます。

「七不思議？　聞いたことあるような、ないような……。どこかのトイレと、プールの横の更衣室と、あとは音楽室だっけ？」

学習日　／

1 ―㋐容疑者からはずれたのはどちらですか。合うほうに○をつけましょう。

井原優美・柏木幸一

2 「久留寿くん」について、合うものを選んで記号に○をつけましょう。

ア　最近、転校してきた人物。

イ　麻衣と純の幼なじみ。

ウ　六年三組の学級委員。

3 ―㋑この人物について説明した次の文の□に当てはまる言葉を文章中から探して書きましょう。

有名な□□□□□で、久留寿くんの

「音楽室！　音楽室の七不思議って？」と、純が食いつきます。

「ピアノの音がするから、ふたを開けたら、鍵盤がひとつもないとか、そんなのじゃなかったっけ？」

幸一は自信なさそうに言いましたが、優美が「それ、聞いたことある。」と同意し、Ⓑ**話に花が咲き**ました。そこへ麻衣も**首をつっこみ**ます。

「そうだよね。言われて思い出したけど、うちの学校の七不思議で『音楽室』っていったら、そっちを思いうかべるはずだけどな。」

ぶつぶつ言う麻衣を、優美と幸一は不思議そうに見ていました。

その後、残りの二人がなかなか教室へ戻ってこないので、純と麻衣は三組の前のろうかで話しながら、待つことにしました。

「あとの二人は、英太と久留寿くんって人か。英太はちがうと思うけど。」

「さっきの幸一くんも、ちがうような気がするなあ。」と、麻衣。

「ぼくもそう思う。残りの久留寿くんって、最近転校してきた人だよね。」

「うん。さっき、優美ちゃんにくわしく聞いたよ。おじいちゃんが有名なゲーム会社の会長なんだって。『もふもふモンスター』シリーズとか、化石を発掘してよみがえらせる『大昔の忘れ物』シリーズとかを作った人らしいよ。」

「へえ、どっちもぼくが大好きなシリーズだ！　だけど、そんな（い）偉大な人の孫が、どうしてふつうの小学校に転校してきたんだろ？」

「家庭の事情かもしれないし、それはⒸ**言わぬが花**かもね。前は、東京にあ

ことわざ・慣用句の問題にチャレンジ！

次の言葉の意味に合うものを選び、記号に○をつけましょう。

Ⓐ 腰が低い
- ア 愛想がよい。
- イ 態度が大きい。
- ウ 謙虚である。

Ⓑ 話に花が咲く
- ア 話がだいぶ大げさになる。
- イ 次から次へと会話がはずむ。
- ウ 明るい話題に変える。

Ⓒ 言わぬが花
- ア 言わないほうがいいこと。
- イ 言ったほうがいいこと。
- ウ 言われてうれしいこと。

← 答えは68・69ページ

る私立の学園に通ってたみたいだよ。」

　そこへ、㋒いかにも不機嫌そうな顔をして、歩いてきた人物がいました。

「今、ぼくのうわさをしてただろ。」

「あっ、きみが久留寿くんか。ちょっとお願いしたいことがあって。ぼくは二組の速川純。こっちが一組の西村麻衣。」

「ふうん。で、ぼくになんの用？」

「あのね、とつぜんで悪いんだけど、ちょっと手を出してもらえない？」

　久留寿頼は、ポケットに手をつっこんだまま、麻衣をにらみつけました。そして、ぶっきらぼうな口調で言いました。

「何？　握手してほしいとか、そういうやつ？　お近づきになりたいのは、ぼくじゃなくておじいちゃんのほうだろ。おあいにくさま。祖父は海外にいて、ここへ来ることはめったにないから。」

　立ち去ろうとする頼に、麻衣が大声で言い返します。

「㋓だれがそんなこと！　あのね、ちょっと手の大きさを比べてみてほしいだけなの。それが済めば、あなたに用なんかないわ！」

　初対面にしてすでにⒹ**犬猿の仲**になりそうな頼と麻衣の間に、純が急いで割って入ります。

「久留寿くん、わけあって、手の大きさが麻衣と同じぐらいの人を探しているだけなんだ。ちょっとだけ、比べるのに付き合ってよ。」

「いやだね。ばかばかしい。」

　こうして、二人は頼の手の大きさを確かめることに失敗してしまいま

4 ―㋒だれでしたか。合うものを選んで記号に○をつけましょう。

㋐ 英太
㋑ 頼
㋒ 幸一

5 ―㋓そんなこととは、どんなことですか。□に当てはまる言葉を文章中から探して書きましょう。

□をすること。

6 頼が判定不能だったのはなぜですか。□に当てはまる言葉を文章中から探して九文字で書きましょう。

□□□□□□□□□くれなかったから。

した。しかし、そのあとにやってきた英太とは難なく手を比べることができ、英太のほうが麻衣より一回りほど大きいという結果になりました。

つまり、手の大きさが麻衣と同じぐらいだった幸一と、判定不能だった頼が、容疑者のまま残ったのです。

放課後、作戦本部となる公園で、麻衣と純は話し合いました。

「やっぱり、久留寿頼があやしい気がする。」

「感じが悪かったからって、**目の敵にする**のはよくないよ。」

「純ったら、あいつのⒺ**肩をもつ**気？」

麻衣が、**口をとがらせ**ます。

「だって、幸一くんも頼くんも、容疑がかかる条件としては同等だもの。」

「そこなんだよね。何か、二人の決定的なちがいと結びつくような、新たな事実がわかればいいんだけど。」

「うーん、難しいね。動機からせまろうとしても、なんでこんなことをたくらんだのか、さっぱりわからないよ。」

なかなか核心に近づけず、二人はⒻ**二階から目薬**の思いでいました。

ことわざ・慣用句の問題にチャレンジ！

次の言葉を正しい意味で使っている文を選び、記号に○をつけましょう。

Ⓓ 犬猿の仲
- ア 犬猿の仲になって結婚した。
- イ 父と祖父は昔から犬猿の仲だ。
- ウ 彼とは犬猿の仲で心が通じている。

Ⓔ 肩をもつ
- ア 足をけがした人の肩をもつ。
- イ 荷物が重くて肩をもってもらう。
- ウ 母が姉の肩をもつのが不快だ。

Ⓕ 二階から目薬
- ア 直接会えなくて二階から目薬だ。
- イ 二階から目薬で、元気になった。
- ウ 雨が強くて二階から目薬のようだ。

← 答えは68・69ページ

なぞ 14

犯人をさそうわな

次の日の昼休み。麻衣は純のクラスを訪ねました。

「ちょっと思うところがあって、同じクラスの人たちに聞いてみたんだよね。この学校の七不思議のこと。」

「それで？」と、純が身を乗り出します。

「みんな、せいぜい三つか四つしか知らなくて、共通するのがりおちゃんや幸一くんも言っていた、旧校舎のトイレとプールの横の更衣室にまつわるものだった。」

「その二つなら、ぼくも耳にしたことがあったよ。でも、二つとも、今回のなぞ解きには出ていなかったね。」

「そう、そこなの！　もし、もともとこの学校にいた人が犯人だったら、みんなが知っているこの二つを、なぞ解きに取り入れるんじゃないかな。そのほうが、本当に霊のしわざだって信じてもらいやすいよね。」

「それは、㋐やっぱり転校生の久留寿くんがあやしいってこと？」

「私はそう思う。」

純は、うーんと考えこんだあとで、こんなことを言いました。

「Ⓐ**虫が好かない**からって、久留寿くんばかりⒷ**槍玉に挙げる**のはよくないよ。ここは平等に幸一くんと久留寿くんの両方に、わなを仕掛けない？」

学習日　　／

1 七不思議のうち、みんなが知っている二つとは関係ないものを選んで記号に○をつけましょう。

ア 体育倉庫の鏡。

イ 旧校舎のトイレ。

ウ プールの横の更衣室。

2 ―㋐麻衣が転校生の頼を疑うのはなぜですか。□に当てはまる言葉を文章中から探して書きましょう。

もともと［　　　　］が犯人だったら、七不思議の中にみんなが知っている二つをなぞ解きに［　　　　］と考えたから。

3 純が考えたわなは、何を応用したものでしたか。□に当てはまる言葉を文章中から探して書きましょう。

「わなを仕掛ける？　どうやって？」
「七不思議の三つ目のところで、暗号を解いたよね？　あの要領で、今度はぼくらが暗号を作って、犯人をおびき出すんだ。」
「なるほど！」

純はノートを破った紙に、麻衣と二人で考えた文章を書きました。

『話したいことがある。今日の放課後、次の場所で待つ。
場所→□NG□K□S□□□S□
□に入るアルファベットは鏡に映しても形が同じ。』

純は、同じように書いた紙を二枚用意し、柏木幸一と久留寿頼のくつ箱へ、それぞれ一枚ずつ入れました。

「わたしたちが解いたときより、ヒントが少なくなっているけど、これを考えた人物だったら、きっとすぐにピンとくるよね。」
「そうだね。いよいよかあ。Ⓒ**胸がおどる**な。それじゃあ、放課後はさっきの作戦でいこう。」

そして、放課後に**賽は投げられ**ました。

帰ろうとして、くつ箱に入っていた紙を見つけた人物は、すぐにそれがどこを指しているか、

□が考えた□

ことわざ・慣用句の問題にチャレンジ！

次の言葉の意味に合うものを選び、記号に○をつけましょう。

Ⓐ **虫が好かない**
ア　好きなものに好かれない。
イ　なんとなく気に入らない。
ウ　苦手な人に好かれる。

Ⓑ **槍玉に挙げる**
ア　責任を取らせようとする。
イ　非難や攻撃の対象にする。
ウ　適当なことを言っておだてる。

Ⓒ **胸がおどる**
ア　感動して心が熱くなる。
イ　緊張でどぎまぎする。
ウ　期待や興奮でわくわくする。

答えは68・69ページ

わかった様子でした。

しかし、すぐに（い）その場所には向かわず、なぜかいったん校庭へ出ると、校舎の裏側へと回りました。

そして、低く身をかがめつつ、そこからある教室の様子を窓ごしに見つめています。

その教室の中には麻衣の姿がありました。しかし、純の姿は見当たりません。校舎の裏側の木かげに隠れていた純は、低く身をかがめた人物の後ろ側へと回りこみ、その肩をそっとたたきました。

「うわあああっ！」

思わず情けない声を上げた、その人物とは……。

「久留寿くん、やっぱりきみだったんだね。」

満足そうにほほえむと、純は音楽室の窓をトントンとたたきました。

すると、中にいた麻衣が気づいて窓のほうを見ます。すべてを察した麻衣が、外へ向かって手をふりました。

「麻衣が言ったんだ。犯人は、すぐに暗号の場所がわかったとしても、直接そこへは向かわず、教室の様子が見えるところへ行くはずだって。」

純の言葉に、頼は**ぐうの音も出ない**様子です。やっとのことで、

「二人でぼくにⒹ**一杯食わせた**ってわけか。」

と、苦々しく言いました。

「まあ、そう言わないでよ。ぼくはこのなぞ解きが霊のしわざじゃなくて、だれかが仕組んだものだとしたら、その人と仲良くなりたいなって思っ

4 ━（い）どこでしたか。文章中から探して三文字で書きましょう。

□□□

5 犯人はどちらでしたか。合うほうに○をつけましょう。

久留寿頼・柏木幸一

6 握手をしたあとで、麻衣はどうしましたか。□に当てはまる言葉を文章中から探して八文字で書きましょう。

頼の□□□□□□□□した。

てたんだ。こんなにはらはらどきどきすることを考えられるなんて、すごいなって尊敬するよ。ねえ、あのなぞは全部一人で考えたの？」

純の言葉に、それまでⒺ**木で鼻をくくった**ようだった頼の態度が、ふっとやわらいだように見えました。

そこへ、麻衣がかけてきます。

「幸一くんが、くつ箱の前で固まってたよ。入れる場所をまちがえたんだってごまかして、紙を回収してきた。」

頼は、麻衣から顔をそらします。

「いろいろと聞きたいことがあるの。」

と、麻衣が頼の背中に向かって言いました。

「その前に、初対面がけんかごしで最悪だったから、仲直りしない？」

麻衣は頼の正面へ回り、手を差し出しました。頼は、戸惑いながらも手をのばします。握手をしたあとで、麻衣はすかさずその手の大きさを確認しました。

「やっぱり、私と変わらない大きさだ！」

「あっ、だましたな！」と、頼。

「まあまあ、二人とも落ち着いて。Ⓕ**短気は損気**だよ。」と、純が間に入ってなだめたあとで、二人は頼の話を聞くことになったのです。

ことわざ・慣用句の問題にチャレンジ！

次の言葉を正しい意味で使っている文を選び、記号に○をつけましょう。

Ⓓ 一杯食わせる

ア 一杯食わせたら気に入っていた。

イ 二人は一杯食わせる仲だ。

ウ 調べたらにせ物で一杯食わされた。

Ⓔ 木で鼻をくくる

ア 木で鼻をくくったような対応。

イ 木で鼻をくくるような自慢話。

ウ 犬が木で鼻をくくる。

Ⓕ 短気は損気

ア 短気は損気でおこったほうがいい。

イ 短気は損気だから落ち着こう。

ウ 短気は損気なので得だ。

答えは68・69ページ

なぞ15 なぞ解きを仕組んだ動機

学習日 ／

「きみたちは、このゲームの勝利者だ。聞きたいことがあるなら話すよ。ただし、㋐場所を変えさせてもらいたい。」

そう言い放つと、頼は先に立って歩き始めました。

「負けを認めたわりには、**頭が高い**よね。えらそうでⒶ**目に余る**なあ。」

「まあまあ、麻衣。そこはⒷ**目をつぶって**、だまってついて行こう。」

純になだめられ、麻衣は仕方なく、頼のあとに従います。

無言のまま校内に戻り、六年生の教室が並ぶ棟へ来たところで、頼は足を止めました。

「荷物を取ったら、校門を出たところに停めてある車まで来て。続きはぼくの家で話したい。」

「了解。すぐに行くよ。」と、純が返します。

帰り支度を済ませると、麻衣と純は二人で正面玄関へ向かいました。もっとも玄関に近い三組の教室には、すでに頼の姿はありませんでした。

校門を出ると、少しはなれたところに、明らかに高級そうな黒ぬりの車が停まっています。

純と麻衣が近寄ると、車のわきに立っていたスーツ姿の白髪の紳士が、「はじめまして。」と言って、ドアを開けてくれました。Ⓒ**かゆいところに**

1 ―㋐頼はどこで話をするつもりですか。合うものを選んで記号に○をつけましょう。

ア むかえにきた車の中。

イ 頼の家。

ウ 六年三組の教室。

2 ①で答えた場所まで、何で移動しましたか。文章中から探して十文字で書きましょう。

3 ―㋑二人はどんなことに興奮したのですか。□に当てはまる言葉を文章中から探して書きましょう。

敷地の中まで □ するほどの

手が届くとは、このことでしょう。助手席には頼の姿があります。

「わたくしは、久留寿家の執事で園田と申します。頼さまがいつもお世話になっております。」

「こ、こちらこそ。」と、麻衣も純も、かしこまっておじぎをします。

園田さんは、二人の家族へ電話をして許可を得ると、自ら車を運転して、久留寿家へと連れていってくれました。

久留寿のお屋敷は、学校から車で十分ほどの郊外にありました。

車が近寄ると、鉄製の大きな門が自動で開きました。おどろいたことに、車はそのまましばらく走り続けたのです。

「えっ、敷地の中まで車で移動するの？」

「映画みたい！」

テーマパークに来たのかと思えるほど広い庭に、麻衣も純も大興奮ですが、頼は顔色ひとつ変えません。

やがて、ヨーロッパのお城のような洋館の前で車が停まりました。先に降りた園田さんがドアを開け、館の中へと案内してくれます。

つやつやと光る木製の床や、階段の手すり。

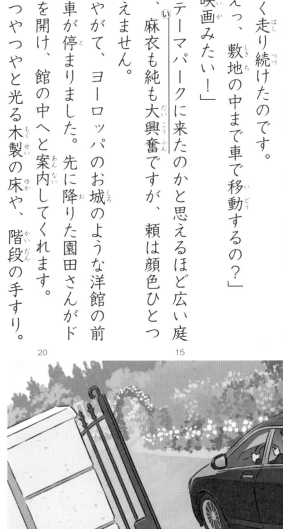

い　テーマパークのような[　　　　]。

ことわざ・慣用句の問題にチャレンジ！

次の言葉の意味に合うものを選び、記号に○をつけましょう。

Ⓐ 目に余る
- ア　いつまでも見ていたい。
- イ　ひどくて見ていられない。
- ウ　見ないわけにはいかない。

Ⓑ 目をつぶる
- ア　見て見ぬふりをする。
- イ　一切見ないようにする。
- ウ　見たことを思い出す。

Ⓒ かゆいところに手が届く
- ア　昔から親しくしている。
- イ　よけいなことをする。
- ウ　気配りが行き届いている。

← 答えは70ページ

きらきらとかがやくシャンデリアに、ふかふかのじゅうたん。どこをどう切り取っても絵になりそうな空間に、純も麻衣も夢見心地です。

ところが、最終的にたどり着いた頼の部屋は、ドアこそアンティーク調であるものの、近代的でかざり気のないシンプルな内装でした。

「この屋敷は、祖父がだいぶ前に建てたものなんだ。今は海外にいて、ここには住んでいないけどね。ここを建てたころ、祖父は中世ヨーロッパを舞台にしたゲームを開発していて、それでこういうつくりにしたらしい。ぼくの趣味じゃないから、中は変えてもらったんだ。」

頼の部屋の一角にある洗面所で、うがい・手洗いを済ませた三人は、**ほおが落ちる**くらいおいしいクッキーを食べながら話をしました。

「それで、ぼくに聞きたいことって？」

「細かいことならたくさんあるけど、まず、一番気になっているのは、なぜあんななぞ解きを仕掛けたのかっていう、動機だね。」

そう言う麻衣の横で、純も興味深そうにうなずきます。

「なんでだと思う？　得意の推理で当ててみてよ。」

頼に挑発され、麻衣はしかめっ面をしました。代わりに純が考えます。

「そうだなあ。久留寿くんは転校してきてまだ日が浅いし、あれをきっかけにして、みんなと仲良くなりたかったとか？」

「大はずれ！　そっちは？」と、頼が麻衣のほうを見ます。

「そっちって何よ。『麻衣』って呼んで。わたしも『頼』って呼ぶから。」

「じゃ、じゃあ、麻衣は？」と、頼がぎこちなく言います。

4 頼の部屋で、麻衣と純は何についてたずねましたか。□に当てはまる言葉を文章中から探して書きましょう。

□ を仕掛けた □。

5 頼は祖父から、どんなことを課せられて転校してきたのですか。文章中から二十六文字で探し、最初の五文字を書きましょう。

□□□□□

6 頼は、どんなことについて、麻衣と純に協力を頼みましたか。合うものを選んで記号に○をつけましょう。

ア 祖父の居場所を見つけること。

イ 祖父の宝を隠すこと。

ウ 祖父の宝を見つけること。

「私は、純とは逆かな。みんなを恐怖におとしいれて、平和な学校生活にⒹ**波風を立て**たかったとか？」

「そういうところが少しもないとは言い切れないけど……はずれ！」

頼はソファから立ち上がると、部屋の奥にある机のところへ行き、何やら手にして戻ってきました。

「ぼくは祖父の命令で、ここへ来たんだ。家族とはなれ、公立の小学校へ通って友だちをつくることが、祖父から課せられたミッションなんだ。でも、ぼくと仲良くしたいって近づいてきた人は、みんな祖父に興味があるだけで、Ⓔ**気心が知れる**仲間なんてできそうになかった。あきらめかけていたところへ、これが届いて……。」

頼が差しだした封筒を、純が受け取ります。黒い封筒には、赤い字で『挑戦状』と書いてありました。

「だれかがこの屋敷にある祖父の宝を隠して、それをぼくに見つけてみろと言うんだ。それには仲間が必要で……。もし、ぼくが考えたなぞ解きをクリアできる、Ⓕ**腕が立つ**人がいたら、協力してもらおうと思って仕掛けたんだよ。もしよかったら、協力してくれないかな？」

二人は、ほとんど同時にうなずきました。

ことわざ・慣用句の問題にチャレンジ！

次の言葉を正しい意味で使っている文を選び、記号に○をつけましょう。

Ⓓ 波風が立つ
- ㋐ 平和な環境に波風が立つ。
- ㋑ 波風が立って心地がよい。
- ㋒ 波風が立てば場は収まる。

Ⓔ 気心が知れる
- ㋐ 気心が知れた間柄。
- ㋑ 初対面で気心が知れる。
- ㋒ 気心が知れるので不仲だ。

Ⓕ 腕が立つ
- ㋐ 赤ちゃんは腕が立つ。
- ㋑ 腕が立つ料理人。
- ㋒ 荷物が重くて腕が立つ。

← 答えは70ページ

答えと解説

なぞ08 黒い紙の差出人

36〜39ページ

【36・37ページ】

①手形・汚した

解説
36ページ4行目に「窓ガラスについた手形をふき取るのは、思いのほか大変な作業」とあり、さらに6・7行目に「教頭先生に見つかり、窓ガラスを汚したのは自分たちだと勘ちがいされた」とあることに注目しましょう。

②イ

解説
36ページ11・12行目の麻衣の言葉に「あの手形、大きさも私の手と変わらなかったし、窓の高いところにはついていなかった。」とあります。合わないものを選ぶことに注意して考えましょう。

③仲良くなってみたい

解説
36ページ17行目〜37ページ1行目の純の言葉に「七不思議にまつわるなぞ解きを考えたのが同じ学校の子だとしたら、すごくない？　ぼくは仲良くなってみたいけどな。」とあります。字数指定に注意して答えましょう。

⑥りお（森田りお）

解説
38ページ21行目〜39ページ14行目までの、純とりおの会話に注目しましょう。39ページ10・11行目のりおの言葉に「純くんの前にあの本を借りたの、私だよ。」とあります。

ことわざ・慣用句の問題にチャレンジ！

Ⓓイ　Ⓔイ　Ⓕア

解説
「手を広げる」は「仕事などの範囲を広げる」、「閑古鳥が鳴く」は「だれも来なくて、静まり返っている様子」、「一か八か」は「運を天にまかせて、思い切ってやってみること」という意味です。

言葉の学習
お話に出てきたことわざ・慣用句の意味を確かめましょう。

塵も積もれば山となる……ほんの少しのものでも、たくさん集まれば大きなものになるというたとえ。

ことわざ・慣用句の問題にチャレンジ！

Ⓐウ　Ⓑア　Ⓒウ

言葉の学習
お話に出てきたことわざ・慣用句の意味を確かめましょう。

うそ八百を並べる……話のつじつまを合わせるため、うそをつき続ける。

なぞ10 新たな手がかり

42〜45ページ

【42・43ページ】

①特定できそうな

解説
42ページ6〜8行目に「もし犯人がうそをついていたら、見破れる気がしないよね。もっと何か、犯人を特定できそうな情報を他にも集めないと」とあることから考えましょう。

②ウ

解説
42ページ12行目に「ここを作戦本部にしようよ。」とあり、その前の部分に「二人は、〜近所の公園に集合しました。」（10・11行目）とあることから考えましょう。

ことわざ・慣用句の問題にチャレンジ！

Ⓐ ア
Ⓑ ア
Ⓒ ウ

言葉の学習

お話に出てきたことわざ・慣用句の意味を確かめましょう。

怒り心頭に発する……激しく怒る。

乗りかかった船……ものごとが動いてしまった以上、途中でやめられないというたとえ。

【38・39ページ】

4 ア

解説 38ページ5行目のりおの言葉に「図書室へ来ただけで一日一ポイント」とあります。━━㋒は、図書室に来るだけでもらえるポイントのことです。

5 (例)図書室で本を借りた人や、図書室に入った人を(特定できる)。

解説 38ページ17・18行目で麻衣が「この期間中に図書室で本を借りた人や、図書室に入った人を特定できるってこと?」と質問し、りおが「そうなるね。」(19行目)と同意しています。

なぞ09 容疑者の人数

40・41ページ

【40・41ページ】

1 図書室のワゴン

解説 40ページ16・17行目のりおの言葉に「予約が入っている本が返却されたら、図書室のワゴンに並べておくことになっている」とあります。

2 予約本・黒い紙

解説 41ページ4・5行目に「だれかがワゴンにある本に、黒い紙……じゃなくて手紙をはさもうとすれば、できなくはないってことだよね。」とあり、りおがこれを受けて「そういう可能性もある」(6行目)と返しています。「ワゴンにある本」とは、「予約本」(2行目)のことです。また、どちらも三文字で答えることに注目しましょう。

3 イ

解説 ここでいう「犯人」とは、純が借りた本の間に紙をはさんだ人のことです。図書室に入らなければ紙をはさめませんから、━━㋑の人数は、図書室へ来た人→「犯人かもしれない人」ということになります。

3 確実に黒い紙を発見させるため

解説 43ページ14行目の麻衣の言葉に「確実に黒い紙を発見させるためだ!」とあります。「予約が入っている本なら、近いうちに必ずだれかが借りていって本を開」(16・17行目)くため、黒い紙が発見されやすいと考えたのです。

ことわざ・慣用句の問題にチャレンジ！

Ⓐ イ
Ⓑ ウ
Ⓒ ア

言葉の学習

お話に出てきたことわざ・慣用句の意味を確かめましょう。

水泡に帰する……努力がむだになる。

相槌を打つ……相手の話に合わせて、うなずいたり、受け答えたりする。

【44・45ページ】

4 貸し出し表・名前

解説 44ページ21行目〜45ページ1行目の麻衣の言葉に「鍵を借りるには、〜貸し出し表に名前を書かなくちゃいけない」とあり、さらに45ページ2・3行目の純の言葉に「貸し出し表を見れば、あのとき倉庫を開けた人物がわかる」とあります。

5 ア

解説
45ページ8～13行目の、麻衣が担任の先生に話している内容をよく読んで考えましょう。「かみの毛につけていたピンをはずして、～どこかに落としてしまったみたいで。」（8～11行目）と言っています。

6 0

解説
45ページ20・21行目に「麻衣と純が倉庫で黒い紙を見つけた日に鍵を借りた人は、ひとりもいなかった」とあります。

ことわざ・慣用句の問題にチャレンジ！

Ⓓ ア　Ⓔ ア　Ⓕ ウ

解説
「八方ふさがり」は「どの方面にも支障があり、どうしようもないこと」、「立て板に水」は「すらすらとしゃべることのたとえ」、「型破り」は「常識的なやり方にはまらないこと」という意味です。

3 イ

解説
46ページ6行目「貸し出し表に名前を書いて、鍵を借りた人物はいない。」とあるので、そもそもⓘは存在しません。犯人は、ⓐ、ⓤの両方を満たす人物であることをおさえておきましょう。

ことわざ・慣用句の問題にチャレンジ！

Ⓐ ア　Ⓑ ア　Ⓒ イ

言葉の学習
お話に出てきたことわざ・慣用句の意味を確かめましょう。
言葉をにごす……はっきりと言わずに、あいまいな感じにする。

【48・49ページ】

4 六

解説
48ページ5・6行目に「三十二人中六人が、六年三組の児童であることがわかりました。」とあり、さらに「六人になったぞ！」（7行目）とあります。

言葉の学習
お話に出てきたことわざ・慣用句の意味を確かめましょう。
覆水盆に返らず……一度したことは、元にはもどらないことのたとえ。

なぞ12 犯人の筆跡

50・51ページ

【50・51ページ】

1 写真・プリント

解説
50ページ2・3行目に「水にひたした状態で家族に写真を撮ってもらい、～プリントしたその写真」とあることから考えましょう。

2 い・一（いの文字の一画目）

解説
51ページ2～6行目の内容をよく読んで考えましょう。「『い』の一画目って、最後にはねるよね。」（3行目）とあり、さらに読み進めると、麻衣がここに注目していることがわかります。

言葉の学習

お話に出てきたことわざ・慣用句の意味を確かめましょう。

さじを投げる……いくら努力しても無駄で、打つ手だてがないと見放すこと。

うそも方便……うそはよくないが、解決の手段として、時には必要な場合もあるということ。

なぞ11 生きている紙

46～49ページ

【46・47ページ】

① 六年三組

解説
46ページ11・12行目に「麻衣は六年生のクラスから順に、時間割を確認していきました。すると、六年三組が当てはまりました。」とあります。

② 和也・かけず

解説
47ページ2～6行目の和也の言葉に注目しましょう。「日直だったオレ」（2・3行目）、「鍵はかけずに先生にわたした」（5・6行目）とあります。

⑤ 筆跡

解説
48ページ12・13行目の麻衣の言葉に「あの白い紙の文字が復活したら、筆跡がわかって、大きな手がかりになりそう」とあります。

⑥ イ

解説
49ページ19・20行目の教頭先生の言葉に「紙がかわくと字が見えなくなるのに、水につけるとまた出てくる」とあることから考えましょう。

ことわざ・慣用句の問題にチャレンジ！

Ⓓ イ　Ⓔ イ　Ⓕ ア

解説
「針のむしろ」は「少しも気が休まらない、つらい場所」、「水に流す」は「過去のもめごとなどをすべてなかったことにする」、「間が悪い」は「きまりが悪い。運が悪い」という意味です。

③ ウ

解説
51ページの16・17行目の純の言葉に「窓に残っていた手あとの大きさ。麻衣の手と同じぐらいだったんだよね。」とあることから考えましょう。

ことわざ・慣用句の問題にチャレンジ！

Ⓐ ウ　Ⓑ ウ　Ⓒ ア

言葉の学習

お話に出てきたことわざ・慣用句の意味を確かめましょう。

手が離れる……仕事が片づいて、手間をかけなくてよくなる。

目から鼻に抜ける……頭の働きがとてもよい様子。

なぞ13 容疑者をしぼるには（52〜55ページ）

【52・53ページ】

① 井原優美

解説 52ページ9〜14行目に注目しましょう。「優美の手は、麻衣よりずっと大きく、〜はずれることになりました。」（9〜11行目）とあり、「幸一の手は、ちょうど麻衣と同じぐらいの大きさで、〜はずすことはできませんでした。」（12〜14行目）とあります。

② ア

解説 53ページ14行目の純の言葉に「久留寿くんって、最近転校してきた人だよね。」とあることから考えましょう。

③ ゲーム会社の会長・おじいちゃん

解説 53ページの15・16行目に「おじいちゃんが有名なゲーム会社の会長なんだって。」とあることから考えましょう。

⑥ 手の大きさを比べて

解説 54ページ21行目〜55ページ1行目に「二人は頼の手の大きさを確かめることに失敗してしまいました。」とあります。頼は、「手の大きさを比べてみてほしい」（54ページ14行目）という麻衣のたのみに応じてくれなかったのです。

ことわざ・慣用句の問題にチャレンジ！

Ⓓ イ　Ⓔ ウ　Ⓕ ア

解説 「犬猿の仲」は「何かにつけていがみ合うほど、仲が悪いこと」、「肩をもつ」は「対立している二つのうちの、どちらか一方に味方する」、「二階から目薬」は「もどかしいことや、遠回りすぎて効果が感じられないこと」という意味です。

言葉の学習

お話に出てきたことわざ・慣用句の意味を確かめましょう。

目の敵にする……許しがたい相手だとして、何かにつけて敵対視する。

口をとがらせる……口論しているときなどの、不満そうな顔つきを表す言葉。

ことわざ・慣用句の問題にチャレンジ！

Ⓐ イ　Ⓑ イ　Ⓒ ウ

言葉の学習

お話に出てきたことわざ・慣用句の意味を確かめましょう。

賽は投げられた……ものごとが始まったので、あとは決行するほかない。

【58・59ページ】

④ 音楽室

解説 58ページ12行目に「純は音楽室の窓をトントンとたたきました。」とあり、さらに「すると、中にいた麻衣が」（13行目）とあるので、暗号が示す場所が音楽室であることが読み取れます。

⑤ 久留寿頼

解説 58ページ11行目の純の言葉に「久留寿くん、やっぱりきみだったんだね。」とあります。

ことわざ・慣用句の問題にチャレンジ！

Ⓐ ウ
Ⓑ イ
Ⓒ ア

言葉の学習

お話に出てきたことわざ・慣用句の意味を確かめましょう。

首をつっこむ……ある事柄に興味や関心をもって、関係してくる。

【54・55ページ】

④ イ

解説
—うの直後の54ページ3行目に「今、ぼくのうわさをしてただろ。」とあり、これに対して純が「あっ、きみが久留寿くんか。」（4行目）と返していることから考えましょう。

⑤ 握手

解説
54ページ10行目の頼の言葉に「握手してほしいとか、そういうやつ？」とあります。頼は、麻衣が有名な祖父をもつ自分と仲良くなりたいと思って近づいてきたのだと、勘違いしているのです。

なぞ14 犯人をさそうわな

56～59ページ

【56・57ページ】

① ア

解説
56ページ5～7行目に「みんな、せいぜい三つか四つしか知らなくて、共通するのが～旧校舎のトイレとプールの横の更衣室にまつわるものだった。」とあることから考えましょう。

② この学校にいた人・取り入れる

解説
56ページ10・11行目の麻衣の言葉に「もともとこの学校にいた人が犯人だったら、みんなが知っているこの二つを、なぞ解きに取り入れるんじゃないかな。」とあることから考えましょう。

③ 犯人・暗号

解説
57ページ2・3行目の純の言葉に「七不思議の三つ目のところで、暗号を解いたよね？　あの要領で、今度はぼくらが暗号を作って、犯人をおびき出すんだ。」とあることから考えましょう。

---

⑥ 手の大きさを確認

解説
59ページ14～16行目に「握手をしたあとで、麻衣はすかさずその手の大きさを確認しました。」とあることから考えましょう。

ことわざ・慣用句の問題にチャレンジ！

Ⓓ ウ
Ⓔ ア
Ⓕ イ

解説
「一杯食わせる」は「うまい具合に人をだます」、「木で鼻をくくる」は「無愛想な対応をする」、「短気は損気」は「すぐにおこったり、いらいらしたりすると、結局は自分が損をする」という意味です。

言葉の学習

お話に出てきたことわざ・慣用句の意味を確かめましょう。

ぐうの音も出ない……反論や言いわけが一切できない。

なぞ15 なぞ解きを仕組んだ動機 60〜63ページ

【60・61ページ】

①　イ

解説　60ページ9・10行目の頼の言葉に「続きはぼくの家で話したい。」とあることから考えましょう。

②　高級そうな黒ぬりの車

解説　60ページ14・15行目に「校門を出ると、少しはなれたところに、明らかに高級そうな黒ぬりの車が停まっています。」とあります。字数指定に注意して答えましょう。

③　車で移動・広い庭

解説　61ページ10〜17行目の内容をよく読んで考えましょう。「えっ、敷地の中まで車で移動するの？」(13行目)や、「テーマパークに来たのかと思えるほど広い庭」(15行目)とあります。

ことわざ・慣用句の問題にチャレンジ！

Ⓐ　イ
Ⓑ　ア
Ⓒ　ウ

言葉の学習　お話に出てきたことわざ・慣用句の意味を確かめましょう。

頭が高い……態度が大きく、無礼である。

【62・63ページ】

④　なぞ解き・動機

解説　62ページ12・13行目の麻衣の言葉に「一番気になっているのは、なぜあんななぞ解きを仕掛けたのかっていう、動機だね。」とあることから考えましょう。

⑤　家族とはな

解説　63ページ6・7行目の頼の言葉に「家族とはなれ、公立の小学校へ通って友だちをつくることが、祖父から課せられたミッションなんだ。」とあります。最初の五文字を答えることに注意しましょう。

⑥　ウ

解説　63ページ15・16行目の頼の言葉に「だれかがこの屋敷にある祖父の宝を隠して、それをぼくに見つけてみろと言うんだ。」とあることから考えましょう。

ことわざ・慣用句の問題にチャレンジ！

Ⓓ　ア
Ⓔ　ア
Ⓕ　イ

解説　「波風が立つ」は「もめごとが起こること」、「気心が知れる」は「その人が本来もっている性質や考えを知っているので、何でも話せる」、「腕が立つ」は「技術や腕前などがすぐれている」という意味です。

言葉の学習　お話に出てきたことわざ・慣用句の意味を確かめましょう。

ほおが落ちる……とてもおいしいことを表す言葉。

3章 屋敷に届いた『挑戦状』

犯人は転校生の久留寿頼でした。なぞを仕掛けた理由をたずねると、頼のもとにも『挑戦状』が届いたといいます。

『挑戦状』には、頼の祖父・久留寿正臣の大切な宝を隠したこと、取り返したければ、同じ学校の子ども二人以上とチームを組んでゲームに参加することという条件が書かれていました。

頼に協力することにした麻衣と純はさっそく頼の祖父の屋敷にやってきましたが、次々に出されるなぞを解くことができるのでしょうか。

なぞ16

『挑戦状』の送り主

次の週末、家族の許可をもらった麻衣と純は、改めて久留寿のお屋敷にやってきました。『挑戦状』の送り主にいどむ、頼に協力するためです。

頼は二人に、㋐『挑戦状』を読ませてくれました。半月ほど前の朝、目覚めると枕元に置いてあったそうです。

『頼くん。久しぶりだね。きみがぼくを置き去りにして、何年たっただろう。Ⓐ**辛酸をなめ**つつも、ぼくはずっときみのことを待っていたのに……。

ある嵐の夜、Ⓑ**どこの馬の骨**とも知れない魔物が、ここへまよいこんできた。ぼくが話し相手になってやると、魔物はぼくの夢を一つだけかなえてくれると言った。Ⓒ**魔が差し**て、ぼくはお願いしてしまったよ。久留寿頼を困らせてやりたいとね。魔物は喜んで願いを受け入れてくれた。

さて、どうやってきみを困らせるか。ぼくは考えに考えたよ。

この屋敷には、きみのおじいちゃん、つまり久留寿正臣がもっとも大事にしている宝がある。きみは、その存在すら知らないだろうがね。

魔物の力を借りて、ぼくはその宝を隠した。もし近々、久留寿正臣がここに来ることがあったら、さぞかしおどろくだろうね。大さわぎになることは**火を見るよりも明らか**だ。でも、きみが、ぼくが考えたなぞを全部解いて、宝を見つけさえすれば、何も問題にはならない。**若いとき**

学習日　／

① ―㋐頼は送り主がだれだと思っていますか。□に当てはまる言葉を文章中から探して書きましょう。

□という名前の□

② ①が隠したのはどんな宝ですか。文章中から探して十八文字で書きましょう。

③ ―㋑だれですか。二人の名前を書きましょう。

の苦労は買ってもせよって言うくらいだから、ちょうどいいだろ？
スタート地点は、久留寿正臣の部屋。
ただし、ゲームを始めるには、次の条件をクリアすること。
条件一：同じ学校の子ども二人以上とともにチームを組むこと。
条件二：チームメイトには泊まりがけで来てもらい、二日間で宝を見つけること。
(い)以上の条件を満たす仲間ができ次第、久留寿正臣の部屋へ向かえ。』

便せんには差出人の名前はなく、代わりに動物の手形のスタンプが押されていました。

「なんの手形だろう、これ。くま？」と、純。

「差出人に心当たりはないの？」

麻衣がたずねると、頼は少々ほおを赤らめながら答えました。

「多分、のぶたんだと思う。」

「のぶたん!?」

「話すけど笑うなよ。幼稚園の年長組時代、ぼくはここでおじいちゃんと過ごしたんだ。たった三、四か月だけど。そのとき、毎日いっしょに寝ていたくまのぬいぐるみが、のぶたんなんだ。」

それを聞いた麻衣が、ぷっと吹きだしてしまいました。

ことわざ・慣用句の問題にチャレンジ！

次の言葉の意味に合うものを選び、記号に○をつけましょう。

Ⓐ 辛酸をなめる
- ア つらく苦しい目にあう。
- イ めずらしいものに出合う。
- ウ 刺激的な楽しみを知る。

Ⓑ どこの馬の骨
- ア 身元がはっきりしない者。
- イ みんなが探し求めている者。
- ウ じょうぶでたくましい者。

Ⓒ 魔が差す
- ア 魔物が手を差しのべる。
- イ 魔物に乗っ取られる。
- ウ 出来心を起こす。

← 答えは94・95ページ

「いや、ごめん。頼が、『のぶたん』って呼ぶのがかわいくて……。」

純の目も笑っています。**目は口ほどに物を言う**とはこのことです。

「全く失礼なやつらだな。ともかく、おじいちゃんの部屋へ行くぞ。」

「あっ、待ってよ！」

三人は、お屋敷の中であることを忘れるほどの長いろうかを歩き、二階の奥のほうにある、久留寿正臣の部屋を訪れました。

「頼、見て、ここ！」

さっそく何かを見つけた麻衣が、頼を呼びます。机の上には、くまの手形つきの便せんがありました。

『横にある赤いボタンを押せ。ゲーム開始だ。』

読み終えた頼が「これか。」と言って、ボタンが一つだけあるリモコンを持ち上げました。純と麻衣が見守る中、頼がボタンを押すと、天井から真っ白なスクリーンが下りてきたのです。

そこへ、ぱっと映像が映しだされました。茶色くて、ちょっとくたびれたくまのぬいぐるみが、こちらに向かって手をふっています。

「の、のぶたんが動いてるっ！」と、頼が思わず声を上げました。

『頼くん、久しぶり。ぼくとⒹ**手を切って**から、

4 久留寿正臣とは、どういう人物ですか。□に当てはまる言葉を文章中から探して書きましょう。

頼の［　　　　］。

5 最初のなぞは、何から出題されましたか。合うものに○をつけましょう。

くまの手形スタンプつきの便せん ・ スクリーンに映しだされた映像

6 ―ⓤ変換したあとの数字は何を表していますか。文章中から探して九文字で書きましょう。

［　　　　　　　　　］

新しい友だちができたんだね。Ⓔ**高飛車に出る**態度を改めたのかな？ さて、ルールを説明しよう。これからきみたちには、ぼくが考えたなぞを解いてもらう。なぞが一つ解けたら、次に行く場所がわかるしくみだ。食事やおやつは、屋敷のお手伝いさんたちが用意してくれるけど、執事の園田さんをふくめ、彼らはみな、今からこののぶたんの支配下だ。手伝ってもらおうとしてもむだだぞ。説明は以上。最初のなぞはこれ。』

のぶたんの説明が済むと、画面に次のような文字が現れました。

『ヒント：1→2　2→1　4→1か2　11→5　12→4

ヒントの規則にしたがって、次の数字の列を変換し、机の上にあるタブレットのボタンを押すこと。3　10　5　8　13　6』

「何、これ。1が2で、2が1？　4が1か2って、どういうこと？」

「Ⓕ**水を差す**ようだけど、麻衣は今、『し』って読んだよね。ぼくなら『よん』って読むなあ。」

「純、それだよ！　㋒4は『し』だと1で、『よん』だと2になるってことだ。」

と、頼。これを聞いて、麻衣も答えがわかりました。

「そうか。『いち』は2で、『に』は1。『じゅういち』は、たしかに5だ。」

「ああ、読んだときの文字数か！」と、純。

三人は、「3　10　5　8　13　6」を「2　3　1　2　5　2」に変換し、頼がその順番でタブレットのキーを押しました。

すると、真っ白な画面に「食堂へ向かえ。」という言葉が一瞬だけ出て、すぐに消えてしまいました。

ことわざ・慣用句の問題にチャレンジ！

次の言葉を正しい意味で使っている文を選び、記号に○をつけましょう。

Ⓓ 手を切る
- ㋐ 手を切るような寒さ。
- ㋑ 悪事にさそう人と手を切る。
- ㋒ 仲良くなりたくて手を切る。

Ⓔ 高飛車に出る
- ㋐ 高飛車に出て楽しませる。
- ㋑ 高飛車に出て不快にさせる。
- ㋒ 地元の祭りで高飛車に出る。

Ⓕ 水を差す
- ㋐ 人の発表に水を差す。
- ㋑ 花だんに水を差す。
- ㋒ それとなく水を差す。

←答えは94・95ページ

なぞ17 こすると消えるもの

「家が広いって大変だね。ぼく、すでにおなかがすいてきたよ。」

　そう言いながら食堂へ入った純は、Ⓐ**窮すれば通ず**と顔をかがやかせました。真っ白なクロスがしかれたテーブルの上には、色とりどりの花がかざられ、金色の縁取りが美しいお皿やカップが置かれています。お皿の上には、おいしそうな洋菓子が行儀よく並び、たった今、注がれたばかりと思われる紅茶から、ゆらゆらと湯気が立ちのぼっていました。

「うわあ、いいかおり。おいしそう！」と、今にも食べそうな純を、

「待って。なぞ解きが先じゃないの？」と、麻衣が制します。

「いや、ここにくまの手形つきの便せんがあるよ。『まずは、おやつをどうぞ、めしあがれ。』だってさ。**腹が減っては戦ができぬ**って言うし、先に食べよう。」と頼が言ったので、みんなでお茶とお菓子を味わいました。

「おいしかった！　毎日こんなおやつだったらⒷ**舌が肥える**ね――あれ？」

　長いテーブルのはじのほうに置いてあるものが、純のⒸ**目を引き**ました。

　それは、銀のふたつきの食器でした。麻衣が近寄ってふたを取ると、銀のお皿の上に、新たな便せんと、あ真っ黒くぬりつぶされたガラスの板が載せられていました。

『おやつのあとは、なぞ解きをどうぞ。このガラスの表面をあるものでこ

学習日 ／

1 ―あ何でぬりつぶされていましたか。文章中から探して六文字で書きましょう。

2 ―いなんでしたか。合うものを選んで記号に○をつけましょう。

レモン・栗

3 次の行く先は、どこに書かれていましたか。文章中から探して十三文字で書きましょう。

すると、黒い色が消え、次に行くべき場所が見えてくる。

ガラスの表面は、○□△でこするとよい。

ヒント：食べたお菓子の名前。
・□△ブラ△　・◇ョ×○ート　・マ◎○ーヌ

　三人はあわてて、ついさっき食べたお菓子を思い出します。

「ヒントの一つ目がわからないな。二つ目は『チョコレート』じゃない？」

「ということは、○は『レ』か。三つ目は『マドレーヌ』だね。」

「でも、□と△がわからないな。」

「あっ、一つ目はあれじゃない！　栗がのっていて、ぐるぐるしている……。」

「ああ、モンブラン！　じゃあ、□は『モ』で、△は『ン』だ。」

　(い)○□△が表すものが何かわかった頼は、お茶のポットのそばにあったそれの皮を手に持つと、ガラスの板の黒くぬられた部分をこすりはじめました。横で見ながら麻衣が言います。

「油性マジックでぬってあったんだ。レモンの皮でこすると落ちるって聞いたことある。」

　黒い色が消えると、ガラスの板の下にしかれた紙の文字が見えてきました。そこには、「イショウベヤへ」と書いてありました。

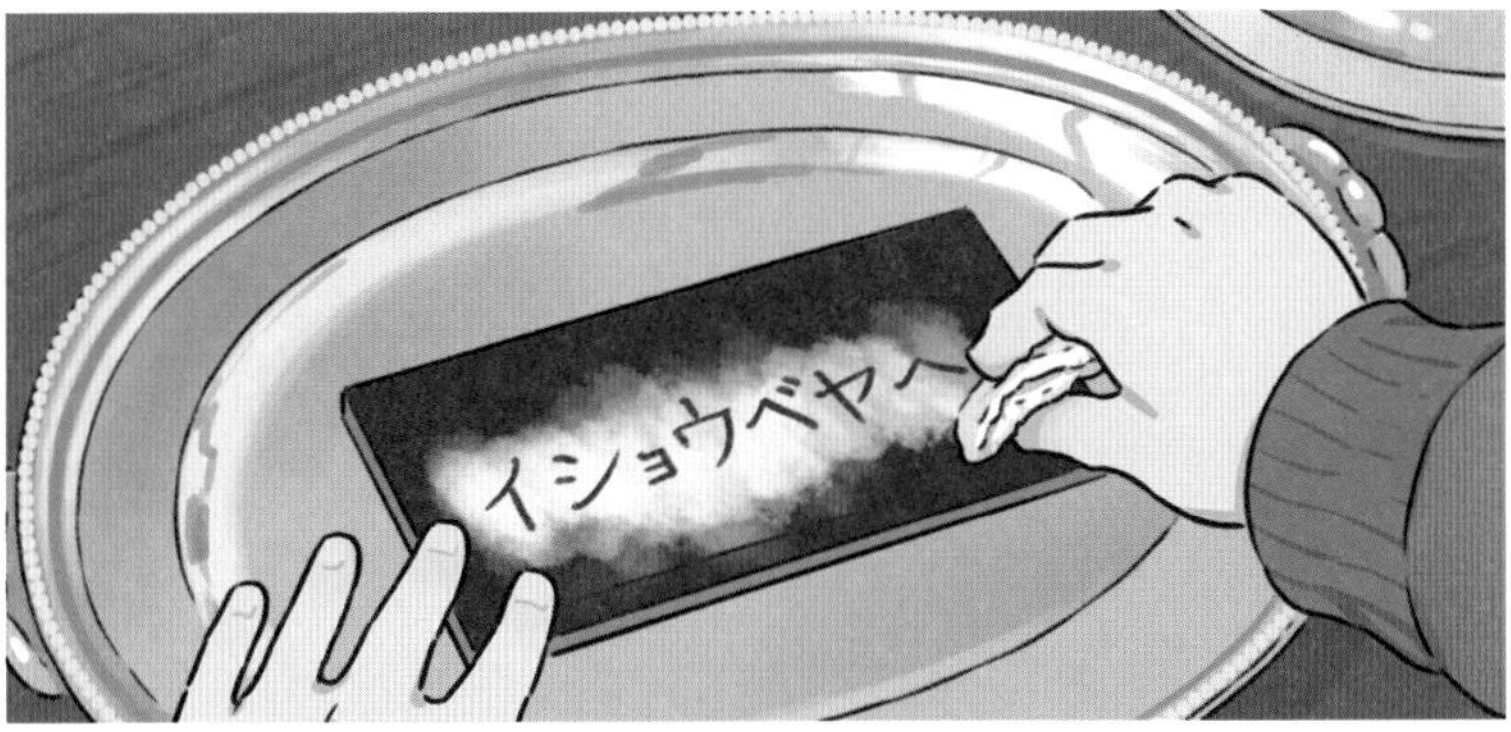

ことわざ・慣用句の問題にチャレンジ！

次の言葉の意味に合うものを選び、記号に○をつけましょう。

Ⓐ 窮すれば通ず
- ア　心から願えばなんでもかなう。
- イ　つらい状況から活路が開かれる。
- ウ　言葉が通じなくても心は伝わる。

Ⓑ 舌が肥える
- ア　体が全体的に太る。
- イ　大金持ちになる。
- ウ　味がわかるようになる。

Ⓒ 目を引く
- ア　もっと食べたくさせる。
- イ　注意を向けさせる。
- ウ　見ないようにさせる。

答えは94・95ページ

なぞ18 三つに共通する素材

「イショウベヤってなんだろう？」と、麻衣が首をかしげます。

「うちのお母さんが、広々としたウォークイン・クローゼットにあこがれるけど、Ⓐ**ない袖は振れない**ってよく言うんだ。あれじゃない？」

「ああ、洋服やバッグ、くつなどをしまっておくスペースのことだよね。」

「そうそう。それをきっと久留寿家では、『衣装部屋』って呼ぶんだよ。ね、そうでしょ、頼。」

「そうかな？　他の家のことは知らないから。」

実際に衣装部屋へ足を踏み入れた麻衣は、ため息をつきました。

「ここはお店？　デパートの一角みたい。」

「うん。ぼくの想像とは、かなりちがっていたよ……。」と、純。

久留寿家の衣装部屋には、コートにスーツ、バッグに帽子、くつなどが陳列されていましたが、どれも手入れが行き届いていて、新品のようにかがやいていました。いずれもⒷ**目が利く**久

学習日　／

1 久留寿家の衣装部屋について、麻衣は何にたとえていましたか。□に当てはまる言葉を文章中から探して四文字で書きましょう。

□□□□ の一角

2 転校してくるまで、頼はだれと住んでいましたか。文章中から探して書きましょう。

3 頼は、おじいちゃんは自分についてどう思っていると言っていますか。合わないものを選んで記号に○をつけましょう。

ア 興味がない。

イ がっかりしている。

留寿正臣のⓒ**眼鏡にかなった**ものなのでしょう。

「あれ？　あっちにワンピースや、ドレスがある。」と、麻衣。

「おばあちゃんとお母さんのだよ。二人は、めったに来ないけど……。」

「みんな、ばらばらに暮らしているの？」と、純がたずねます。

「おじいちゃんは、ここ数年、海外で暮らしている。ここに来るまで、ぼくはおばあちゃんとお母さんと、東京の家に住んでいたんだ。」

「お父さんは？」と聞こうとして、麻衣は言葉を飲みこみました。

そんな麻衣の様子を察してか、頼が自分から言います。

「お父さんは、ぼくが幼稚園のときに病気で亡くなったんだ。ちょうどそのころ、ぼくはここでおじいちゃんと過ごしたんだよ。」

「そうだったんだ。」

「おじいちゃんと毎日のように過ごしたのは、その数か月だけ。会いたいって、ぼくはずっと思っているけど、おじいちゃんはぼくには興味がないんだ。成績優秀じゃないし、前の学校でも友だちができなかったし。おじいちゃんはきっと、そんなぼくにがっかりして転校させたんだよ。」

「そうかな？　興味がなかったから、わざわざ転校なんてさせないと思うけど。」

麻衣の言葉に、純が何度もうなずきます。

二人のそんな反応に頼は少し救われたような気がしました。

また、純や麻衣にとって、頼が、自分や家族について本音で話してくれるのは、うれしいことでした。どんな結末になるかはわかりませんが、最後までなぞ解きに協力しようと、二人はそれぞれ**肝に銘じ**ました。

ウ　かわいがっている。

ことわざ・慣用句の問題にチャレンジ！

次の言葉の意味に合うものを選び、記号に○をつけましょう。

Ⓐ ない袖は振れない

ア　ないのにあるようにふるまう。
イ　あるのにないようにふるまう。
ウ　ないものは出しようがない。

Ⓑ 目が利く

ア　良し悪しを見分ける目がある。
イ　遠くの小さなものまで見える。
ウ　必要なものを目ざとく見つける。

Ⓒ 眼鏡にかなう

ア　とても気に入る。
イ　よく見ればわかる。
ウ　あらゆる助けになる。

←答えは94・95ページ

衣装部屋の奥にはチェストがあり、それぞれの引き出しには、スカーフやネクタイなどの小物が収められていました。どれも、**安かろう悪かろう**という言葉とは縁がなさそうなものばかりで、Ⓓ**猫もしゃくしも**手に入れられるようなものではありませんでした。

頼が、一番上の段の、一番左の引き出しを開けたとき、そこにくまの手形つきの便せんが入っているのを見つけました。

「あったよ。」という声に、純と麻衣がすばやく集まります。

『ここにある、ネクタイ、スカーフ、手ぶくろに共通する素材は何か。わかり次第、テーブルの上にあるタブレットに、ひらがな三文字で答えを打ちこむこと。ただし、（あ）この素材は植物由来ではない。』

便せんが入っていた引き出しから、頼がネクタイ、スカーフ、手ぶくろを取りだして、テーブルの上に並べました。

「この三つに共通する素材かあ。どれも手ざわりがいいね。」と、麻衣。

「本当だ。すべすべしているし、光沢があるよね。」と、純。

「植物由来じゃないなら、これらの素材は綿とか麻ではないってことか。」と、頼も考えこんでいます。

「植物以外だと、他にどんな素材があるんだろう？　ポリエステルとかナイロン、アクリルって、石油から取りだした成分から作られているって聞いたことがある。『せきゆ』だと、ちょうどひらがな三文字だね。」

「それって、化学せんいのことだよね。（い）この三つが化学せんいでできているとは、考えにくいなあ。」と、純が言います。

4 ―（あ）三人が考えた、他の素材は何由来でしたか。文章中から二つ探して書きましょう。

□　□

5 ―（い）純がこのように言うのは、何がちがうと感じたからですか。文章中から四文字で書きましょう。

□□□□

6 なぞの答えはなんでしたか。□に当てはまる言葉を文章中から探して書きましょう。

□を食べる

□のまゆからとれる糸を使った絹。

なぞ18　三つに共通する素材

「どうして？」麻衣がたずねると、純はきっぱりと答えました。

「だって、ポリエステルとかナイロン、アクリルって、ぼくにとってはなじみの深い生地だけど、この三つと比べると手ざわりが全然ちがうよ。」

「たしかに、このつるつる、すべすべした手ざわりって、独特かも。」

「あっ、植物由来じゃなくて、石油由来でもない素材があるじゃないか。動物由来だよ。」と、頼が会話に加わります。

「ああ、言われてみれば。でも、動物由来って、ウールとかカシミヤとか？　動物の毛ってことだよね。この三つ、手ぶくろも薄手のものだし、毛でできているとは思えないな。」麻衣は納得がいかないようです。

「わかった！　麻衣、あれだよ。理科室で飼っている、メダカ以外の生き物。」と、純。

「えっ、メダカ以外っていうと……。くわの葉を食べる蚕のこと？」

「蚕のまゆからとれる糸は、動物由来の絹。答えは絹だと思うけど文字数が……。」と、純。

　頼が「絹はシルクとも言うはず。ちがったらⒺ**後味が悪い**けど、よし、Ⓕ**運否天賦**だ！」と言いながら、タブレットを手にし、『しるく』と打ちこみました。すると、画面に『コレクション部屋へ』という文字が表示されました。

ことわざ・慣用句の問題にチャレンジ！

次の言葉を正しい意味で使っている文を選び、記号に○をつけましょう。

Ⓓ 猫もしゃくしも

㋐ 猫もしゃくしも必要としない。

㋑ 子どもに猫もしゃくしもない。

㋒ 猫もしゃくしも発信する時代。

Ⓔ 後味が悪い

㋐ 試合後に転んで後味が悪い。

㋑ 後味が悪くないようそうじする。

㋒ 今日の空模様は後味が悪い。

Ⓕ 運否天賦

㋐ 運否天賦も自分の努力次第だ。

㋑ もう、あとは運否天賦だ。

㋒ 運否天賦、最後まで自力でやる。

←答えは95・96ページ

なぞ19

名前に季節のある道具

「衣装部屋に続き、コレクション部屋っていうのもあるんだ。」

感心しきっている麻衣に向かって、頼は得意気に言いました。

「この屋敷は、おじいちゃんが趣味のために建てたようなものだから、一風変わった部屋が多いんだ。コレクション部屋は、おじいちゃんが世界中を旅して集めてきた、めずらしいものをかざっている部屋だよ。」

「へえ、それは面白そう！」と、純は興味津々です。

「きっとそういうものが、ゲームのキャラクターや世界観づくりのヒントになっているんじゃない？」

「そういうこともあるって、おじいちゃんが前に言ってたよ。」

そんな話をしている間に、三人はコレクション部屋へ到着しました。

部屋の中には、美術館や博物館にあるようなガラスケースが並び、彫刻や宝石、仏像や人形、ガラス製や焼き物の器、手作りの古いおもちゃなど、大小さまざまなものが展示されています。

かべには大きなお面がかざられ、棚の上には世界各地の特徴的な素材で作られた、多種多様なかごが並んでいました。

「わあ、この部屋、とっても楽しいね！」

部屋の中を見わたしながら、純も麻衣も大はしゃぎしています。

学習日　／

1 コレクション部屋とは、どんな部屋ですか。□に当てはまる言葉を文章中から探して書きましょう。

頼の祖父が［　　　］を旅して集めてきた［　　　］ものをかざっている部屋。

2 ―あ 手紙は何の中にありましたか。文章中から探して七文字で書きましょう。

［　　　　　　　］

3 この部屋を気に入っているのはだれですか。合うものを選んで記号に○をつけましょう。

ア 麻衣と純。

イ 純と頼。

「うん。ぼくも幼稚園児のとき、この部屋が一番好きだったな。」

くったくなく笑う頼を見て、純も麻衣もにっこりしました。

「な、なんだよ、二人して。気持ち悪いな。」

「まーた、Ⓐ**減らず口をたたい**ちゃって。頼って、本当は素直でいい子だよね。」と、麻衣が頼をからかいます。

「うるさいなっ！」

「Ⓑ**気にさわった**？ せっかくほめてあげたのに。ちょっと**口が悪い**のが残念だけど……。」

今にも口げんかを始めそうな二人を、純がたしなめました。

㋐「ほら、Ⓒ**火花を散らし**ている場合じゃないよ。のぶたんからの手紙を早く見つけないと。」

麻衣と頼は、ぶつぶつ文句を言いながら、くまの手形つき便せんを探しはじめました。

「あったよ！」

ふたつきのかごを一つ一つ開けていた麻衣が、便せんを見つけて二人を呼びます。

『ここにある品々は、三角、四角、丸、その他とさまざまな形をしているが、どんな形のものでも、すっぽりと包んで運ぶことができる、日本に古くから伝わる道具とは何か。この部屋の

ウ 頼と麻衣と純。

ことわざ・慣用句の問題にチャレンジ！

次の言葉の意味に合うものを選び、記号に○をつけましょう。

Ⓐ **減らず口をたたく**
- ア へりつくつや強がりを言う。
- イ ずっとしゃべり続ける。
- ウ おしゃべりをだまらせる。

Ⓑ **気にさわる**
- ア いやな気持ちにさせる。
- イ 今の気持ちを当てる。
- ウ 心の奥まで踏みこむ。

Ⓒ **火花を散らす**
- ア おたがいをみとめる。
- イ ふざけて笑い合う。
- ウ はげしく争う。

答えは96・97ページ

中から探せ。
ヒント：その道具の名前には四つの季節がすべてふくまれている。』

読み終わった三人は、それぞれに考えをめぐらせます。

「どんな形のものでもすっぽりと包んで運ぶことができる……か。ここにいっぱいあるかごだって、中にものを入れて運べるよね。」と、純。

「だけど、『包む』っていうのが気になるな。かごで包むとは言わないし。『包む』っていうと、紙とか、布とか？」と、頼。

「私はヒントが気になるなあ。四つの季節って、春夏秋冬のことだよね。これをすべて名前にふくむ道具なんてある？」と、麻衣。

三人はしばらく考えこんでいましたが、名案はうかびませんでした。

「ここでうなっていてもしょうがない。部屋の中に答えとなるものがあるんだから、ものを見ながら考えよう。」

そう言う頼に「Ⓓ**牛耳る**ね。」と、麻衣がつっかかります。

「なんだよ。じゃあ、そっちが仕切ればいいだろ！」

と、頼もけんかごしです。

「『そっち』って何よ。失礼じゃない。」

「じゃあ、リーダーって呼ぼうか。はい、リーダー、ご指示を！」

頼の投げやりな言い方に、麻衣は今にもⒺ**頭から湯気を立て**そうです。

そんな二人を、純があわてて制します。

「もうっ！　すきあらば、けんかしようとするのやめてよ。」

「わたしと頼は、きっと**水と油**なんだよ。気が合わないの。」と、麻衣。

4 ―Ⓘ純がこう思ったのはなぜですか。□に当てはまる言葉を文章中から探して十五文字で書きましょう。

頼と麻衣の二人は、□□□□□□□□□□□□□□□から。

5 「春夏秋冬」をどんな言葉に言いかえたことが、なぞを解くヒントになりましたか。文章中から探して二文字で書きましょう。

□□

6 なぞの答えを見せられた頼と麻衣は、どうなりましたか。合うものを選んで記号に○をつけましょう。

ア 言い合いをし続けた。

イ 言い合いをやめた。

ウ 純をほめたたえた。

「こんなりっぱなお屋敷に来て、**水が合わない**のまちがいだろ？」と、頼。

Ⓕ**売り言葉に買い言葉**で、麻衣と頼の言い合いはどんどん加熱していきます。

Ⓘあきれた純は、二人を放置して、なぞ解きを進めることにしました。

「たしかに、春夏秋冬を名前にふくむ道具ってないよなあ。もしかして、別の言い方をするとか？　四つの季節だから……あっ、四季？　『しき』を名前にふくむ道具ならありそう。」

そんなふうに考えながら、かざられている品々を見ていた純は、あるものに目を留めました。

「これだ！　これなら、どんな形のものでもすっぽり包んで運べるし、日本の伝統的な道具だし、名前に『しき』をふくんでいる。」

まだ口げんかをしている二人の前に、純が差しだしたものは……。

「そっか、風呂敷！」

頼と麻衣が同時に口にしたので、言い合いはストップしました。

風呂敷は何やら四角いものを包んでおり、結び目をほどくと、桐の箱が出てきました。中には、くまの手形つきの便せんがあり、『庭のあずまやへ』と書いてありました。

ことわざ・慣用句の問題にチャレンジ！

次の言葉を正しい意味で使っている文を選び、記号に○をつけましょう。

Ⓓ 牛耳る

ア　牧場の動物が牛耳る。

イ　新しいクラスを牛耳る。

ウ　人の意見を牛耳る。

Ⓔ 頭から湯気を立てる

ア　頭から湯気を立てるほどの良案。

イ　朝から暑くて頭から湯気を立てる。

ウ　失礼な態度に頭から湯気を立てる。

Ⓕ 売り言葉に買い言葉

ア　売り言葉に買い言葉でにぎわう。

イ　売り言葉に買い言葉でけんかする。

ウ　売り言葉に買い言葉でおさめる。

← 答えは96・97ページ

なぞ20 二つの石

屋敷の外には、広大な土地が広がっていました。

「学校のみんなで遠足に行く、大きな公園みたいだね。」

辺りを見わたして言う純に、麻衣もうなずきます。

「ほんと。大きな球場が何個も入りそう。」

「まさか、外まで来させられるとは思わなかった。この広さだから、移動だけでだいぶ時間を取られる。ほら、急ぐぞ！」

かけ足で先を行く頼の態度に、Ⓐ**気が短い**麻衣は再びカチンときましたが、純になだめられて、どうにかいかりをおさえました。

「Ⓑ**罪を憎んで人を憎まず**、だよね。それに、頼の宝探しに協力しているんだから、Ⓒ**花を持たせて**あげないと。それにしても、頼のおじいちゃんも同じような性格なのかな。だとしたら**憎まれっ子世にはばかる**、だ。」

「麻衣、よく、走りながら、しゃべ、れる、ね。」

と、純は息も絶え絶えです。

「おーい、こっち！」

先に東屋に着いた頼が、大きく手をふっています。

東屋は、小高い丘のように盛り上がった場所にぽつんとありました。

「今回のなぞは、すでにテーブルの上に置いてあったよ。」

学習日 ／

1 頼が二人をせかすのはなぜですか。□に当てはまる言葉を文章中から探して十五文字で書きましょう。

□□□□□□□□□□□□□□□から。

2 —あ いつの時代のどんな道具ですか。□に当てはまる言葉を文章中から探して書きましょう。

□時代に、□を狩るために使っていた道具。

3 —い 頼は麻衣の言葉のどんなところを参考にしましたか。合うものを選んで記号に○をつけましょう。

ア 黒曜石ではないかという指摘。

イ キーホルダーを作った事実。

頼が指さしたのは、木製のトレイに載せられた二種類の石でした。

一つは黒くて表面がつるつるしています。欠けている部分があり、ぎざぎざしていて、ガラスのようにも見えました。

もう一つは灰色で、全体的に丸く、表面はざらざらしています。

頼が、くまの手形つきの便せんを読み上げました。

『この二つのうち、縄文時代に使われたものはどちらか？　答えだと思うほうの石を持ち上げると、次の行き先がわかる。

ヒント：加工がしやすいため、ⓐ矢じりという道具の材料に使われた。』

「矢じりって聞いたことがある。縄文時代に獲物を狩るために使っていたんだよね。」と、純。

「黒いほう、もしかして黒曜石じゃない？　私、家族旅行で行った博物館で、ちょうどこんな石を加工してキーホルダーを作ったよ。」

ⓘ麻衣の言葉を参考に、頼は答えを決めました。

「キーホルダーを作れるくらい加工しやすい石なら、道具の少ない縄文時代でも矢じりを作ることができただろうな。よし、こっちだ。」

頼が黒いほうの石を持ち上げると、下に紙がしいてあり、「たて穴式住居へ進め」と書かれていました。

ウ　家族旅行に行った記憶。

ことわざ・慣用句の問題にチャレンジ！

次の言葉の意味に合うものを選び、記号に○をつけましょう。

Ⓐ 気が短い

ア　何事もすぐにあきる。

イ　のん気でマイペースである。

ウ　いらいらして、すぐにおこる。

Ⓑ 罪を憎んで人を憎まず

ア　罪を犯した人をまず憎むべきだ。

イ　罪を犯した人までは憎まない。

ウ　罪を犯したのは憎まれた人だ。

Ⓒ 花を持たせる

ア　地味な人をはなやかにする。

イ　人を立てて、手柄をゆずる。

ウ　面倒な役をやらせる。

答えは96・97ページ

なぞ21 ブラックコーヒーが示すこと

「『たて穴式住居』って、あの『たて穴式住居』だよね？」

「縄文時代の人たちが住んでいたっていうあれが、ここにあるの？」

Ⓐ興奮気味に聞いてくる純と麻衣に圧倒されつつ、頼がうなずきます。

「そうだよ。図鑑で復元写真を見て、ここで遊びたいってねだったら、つくってもらえたんだ。おじいちゃん、あちこちに**顔が利く**から。」

「いいなあ。わたしたちはⒶ**指をくわえて**見てるだけだったのにね。」

「ぼくたちも保育園のころ、すごくあこがれていたんだよな、麻衣。」

そんな二人の様子を見て、頼がぼそっとつぶやきました。

「じゃあ、そのころに出会っていたら、三人でいっしょに遊べたんだな。」

口に出したら、急に恥ずかしくなったのでしょうか。頼は耳まで真っ赤にして、すたすたと歩いていってしまいました。

純と麻衣は、顔を見合わせて笑うと、頼のあとを追いかけました。

「わあ、ほんとに『たて穴式住居』がある！　Ⓑ**羽目を外し**ちゃいそう！」

大興奮の二人に、先に着いていた頼が中から声をかけます。

「早く入ってきなよ。ジュースがあるぞ。」

ジュースと聞いて、純と麻衣は先を争うように、中へ入りました。

たて穴式住居の中には「水分を取ること」と書かれた紙がはられたクー

学習日　／

1　―あ二人が興奮気味なのはなぜですか。□に当てはまる言葉を文章中から探して十七文字で書きましょう。

□□□□□□□□□□□□□□□□□から。

2　たて穴式住居に対する二人の気持ちを知った頼は、どう考えましたか。それがわかる頼の言葉を探して、最初の五文字を書きましょう。

□□□□□

3　便せんにある内容から、よけいな文字を取り、残った言葉を書きましょう。

□

なぞ21 ブラックコーヒーが示すこと

ラーボックスがあり、ペットボトルや缶入りの飲み物がたくさん用意してありました。

「ああ、おいしい。のどがからからだったよ。」

「私も。汗をかいてがんばってから、『たて穴式住居』で飲むジュースって格別だね！」

先に飲み終わった頼が、くまの手形つきの便せんがないか探していますが、なかなか見つからないようです。

「Ⓒ**残り物には福がある**って言うから、この中にあったりして。」と、クーラーボックスを調べた純がついに発見しました。ブラックコーヒーの缶に便せんが巻きつけてあったのです。

『次の文からよけいな文字をのぞけば、行く先がわかる。

さとるつうみぎはくとおさうんみくしみさつるるとへ』

「今回はヒントがないの？ でも、たくさん種類があるのに、わざわざブラックコーヒーの缶に巻きつけたのはなんでだろう？」と、麻衣。

すると、純があることに気がつきました。

「ブラックコーヒーって、さとうとミルクが入っていないってことだよね。『さ』『と』『う』と『み』『る』『く』を取ったらいいんじゃない？」

頼がその通りにしてみると、次の行く先がわかりました。

ことわざ・慣用句の問題にチャレンジ！

次の言葉の意味に合うものを選び、記号に○をつけましょう。

Ⓐ 指をくわえる

ア ぼんやりする。

イ おなかをすかせる。

ウ うらやましがる。

Ⓑ 羽目を外す

ア よけいなことをする。

イ いらないものを捨てる。

ウ 度をこして楽しむ。

Ⓒ 残り物には福がある

ア あまった物をもらえば運が向く。

イ あまった物こそがよい物だ。

ウ あまった中にはよい物がある。

←答えは97・98ページ

なぞ22

氷に閉じこめられたもの

「『つ、ぎ、は、お、ん、し、つ、へ』か。温室ってどこ？」

「あっちだ。ほら、あそこにドーム型の透明の建物が見えるだろ。」

冷たいジュースを飲んですっかり元気になった三人は、温室を目指してかけだしました。

温室内は外よりもやや温度が高く、さまざまなめずらしい植物が育てられていました。

片すみには、テーブルとイスのセットがあります。近よってみると、くまの手形つきの便せんが置いてありました。

「あったよ！　読むね。」

麻衣が便せんの内容を読み上げます。

「『まず、銀食器のふたを開けよ。』だって。」

便せんのわきに、ふたつきの銀の皿が置かれていました。純がドーム型のふたを取ると、中には四角い氷のかたまりが一つと、Ⓐ白い粉の入ったびんが三つありました。氷の中心には、何かがあるようです。

「続きを読むね。『三種類の粉のうち、どれか一つを選んで氷にかけよ。正しいものを選ぶと、一時間以内に氷を溶かすことができる。正解以外のものを選ぶと、一時間を過ぎても氷が解けず、失格となる。代表者一

学習日　／

1　―Ⓐ三種類の粉について、それぞれをなめた頼は、粉がなんだと判断しましたか。文章中から探して三つ答えましょう。

2　ヒントにあったある生き物とはなんですか。文章中から探して書きましょう。

3　三種類の粉のうち、正しいものを選ぶと、どんなことができるのですか。文章中から探して十三文字で書きましょう。

名が、粉をなめてびんの中身を確認することを許可する。』だって。」

「じゃあ、ぼくが粉を確かめるよ。」

頼は最初のびんのふたを開けると、Ⓐ**雀の涙**ほどを指に取り、なめてみました。「ん、あまい。これは砂糖だ。」

すぐに次のびんも確かめて、「これは塩だ。」と言いましたが、最後のびんについては、「味がしないな。多分、小麦粉とかだと思う。」と自信なさ気で、いつも何かとⒷ**鼻にかけ**がちな頼の姿は**見る影もありません**。

「砂糖か、塩か、小麦粉か……。もっとも早く氷を溶かすことができるものってなんだろう？　ヒントはないの？」

純にたずねられ、便せんを読み返した麻衣が、あわてて言いました。

「ごめん、見落としてた！　ヒントがあったよ。『ヒント：ある生き物にこれをかけると、体中の水分が抜けてどんどん小さくなってしまう。』だって。」

生き物好きの純が、自分の番だと言わんばかりに、Ⓒ**腕をふるい**ます。

「体中の水分が抜けて、どんどん小さくなるといったら、塩をかけたときのなめくじだ！」

「ということは、答えは『塩』か。」

ことわざ・慣用句の問題にチャレンジ！

次の言葉の意味に合うものを選び、記号に○をつけましょう。

Ⓐ **雀の涙**
- ア ほんの少し。
- イ 全くない。
- ウ めったに見られない。

Ⓑ **鼻にかける**
- ア 怒る。
- イ あまえる。
- ウ 自慢する。

Ⓒ **腕をふるう**
- ア 技術を人に見せる。
- イ 能力が向上する。
- ウ 上達したくて訓練する。

← 答えは98ページ

頼は、塩の入ったびんをさかさまにして、氷のかたまりの上に勢いよくかけました。

「制限時間は一時間か。**人事を尽くして天命を待つ**。溶けるまで、しばらくここで待つしかないね。」

そう言って、麻衣はテーブルのそばのイスに腰かけました。

「せっかくだから、ぼくは温室の中の植物を見てくるよ。」

と、純はすでに歩きだしています。

頼は一瞬迷ったようですが、やがてテーブルをはさんで麻衣の向かいに座りました。二人はしばらく無言で氷を見つめていましたが、麻衣が先に沈黙を破りました。

「のぶたんが隠したおじいちゃんの宝物って、なんだと思う?」

頼は、ゆっくりと首を横にふります。

「わからない。見当もつかないんだ。」

「コレクション部屋にも、衣装部屋にも、高価そうなものがすごくたくさんあった。でも、あの中に宝物はなかったということだよね。あれ以上の宝物って、どんなにすばらしいものなんだろう?」

「さあね。」と言ってから、今度は頼が麻衣にたずねました。

「ぼくはどちらかというと、このなぞ解きを仕組んだ人物のほうが気になるんだ。どう思う?」と、Ⓓ**腹を探る**ような聞き方です。

「そうだね……。」と、麻衣が何か言いかけたところへ、純が戻ってきたので、話がⒺ**尻切れトンボ**になってしまいました。

4 麻衣は、どんなことについて、頼にたずねましたか。□に当てはまる言葉を文章中から探して書きましょう。

□が隠した、頼のおじいちゃんの□が何かということ。

5 頼が気になっているのはなんですか。文章中から探して十三文字で書きましょう。

□□□□□□□□□□□□□

6 氷の中から出てきたものはなんでしたか。合うものを選んで記号に○をつけましょう。

ア 温室の入り口の鍵。
イ 宝箱の鍵。
ウ 中庭の入り口の鍵。

しかし、純にも頼の質問が聞こえていたらしく、

「えっ、人物⁉　魔物の力を借りた、のぶたんじゃないの？」

と、大真面目に答えています。

「だって、のぶたん、動いていたよね。あれは魔物の力が……。」

頼は、笑いながら純に言いました。

「あんなふうにのぶたんが動いている映像を作ったり、この屋敷のありとあらゆる場所を使って、なぞ解きを仕掛けたりしている人物がだれかってことだよ。」

「話を聞いた限り、そんな人物、ひとりしかいないと思う。Ⓕ**雲をつかむよう**な話ではないよね。」と、麻衣が答えます。

話がよくわからず、首をかしげていた純が、とつぜん大声をあげました。

「あっ、溶けてる！　まだ三十分を過ぎたぐらいだけど、氷がほとんど溶けているよ。」

見ると、氷の中に閉じこめられていたものが、皿の上に落ちていました。

「鍵だ。何かついている。」

にぶい金色をした鍵にはリボンがついていて、そこに「これは宝箱の鍵。次は中庭へ。」と書かれていました。

答えは98ページ

ことわざ・慣用句の問題にチャレンジ！

次の言葉を正しい意味で使っている文を選び、記号に○をつけましょう。

Ⓓ 腹を探る

ア　子犬が母犬の腹を探る。

イ　まずはこの事件の腹を探る。

ウ　痛くもない腹を探られる。

Ⓔ 尻切れトンボ

ア　校庭で尻切れトンボを発見した。

イ　尻切れトンボのように短い。

ウ　会話が尻切れトンボになる。

Ⓕ 雲をつかむよう

ア　雲をつかむように現実的だ。

イ　あやふやで雲をつかむようだ。

ウ　あまりに身近で雲をつかむよう。

なぞ16 『挑戦状』の送り主 72～75ページ

【72・73ページ】

①のぶたん・ぬいぐるみ

解説 73ページ14行目の頼の言葉に「多分、のぶたんだと思う。」とあり、さらに18・19行目に「毎日いっしょに寝ていたくまのぬいぐるみが、のぶたんなんだ。」とあることから考えましょう。

②久留寿正臣がもっとも大事にしている宝

解説 72ページ12・13行目、『挑戦状』に書かれた言葉に「この屋敷には、きみのおじいちゃん、つまり久留寿正臣がもっとも大事にしている宝がある。」とあります。字数指定に注意して答えましょう。

③麻衣・純 ※順不同

解説 72ページ1・2行目に「麻衣と純は、改めて久留寿のお屋敷にやってきました。～頼に協力するためです。」とあります。

⑥読んだときの文字数

解説 75ページ17行目の純の言葉に「ああ、読んだときの文字数か！」とあることから考えましょう。

ことわざ・慣用句の問題にチャレンジ！

Ⓓイ　Ⓔイ　Ⓕア

解説 「手を切る」は「縁を切る」、「高飛車に出る」は「上からおさえつけるような態度をとる」、「水を差す」は「じゃまをする」という意味です。

言葉の学習 お話に出てきたことわざ・慣用句の意味を確かめましょう。

目は口ほどに物を言う……思いのこもった目は、口で話すように気持ちを表すということ。

ことわざ・慣用句の問題にチャレンジ！

Ⓐイ　Ⓑウ　Ⓒイ

言葉の学習 お話に出てきたことわざ・慣用句の意味を確かめましょう。

腹が減っては戦ができぬ……腹が減っているときは、よい働きができないというたとえ。

なぞ18 三つに共通する素材 78～81ページ

【78・79ページ】

①デパート

解説 「実際に衣装部屋へ足を踏み入れた麻衣」（78ページ9行目）は、「ここはお店？　デパートの一角みたい。」（11行目）と言っています。字数指定に注意して答えましょう。

②おばあちゃんとお母さん

解説 79ページ5・6行目の頼の言葉に「ここに来るまで、ぼくはおばあちゃんとお母さんと、東京の家に住んでいたんだ。」とあることから考えましょう。

ことわざ・慣用句の問題にチャレンジ！

Ⓐ ア
Ⓑ ア
Ⓒ ウ

言葉の学習

お話に出てきたことわざ・慣用句の意味を確かめましょう。

火を見るよりも明らか……あまりに明らかで、疑うところがない。

若いときの苦労は買ってもせよ……若いときにする苦労は、貴重な経験となって将来役に立つから、自分から求めてでもしたほうがいい。

【74・75ページ】

4 おじいちゃん

解説 74ページ3行目の頼の言葉に「おじいちゃんの部屋へ行くぞ。」とあり、さらに6行目に「久留寿正臣の部屋を訪れました。」とあることから、久留寿正臣が頼のおじいちゃんであることが読み取れます。

5 スクリーンに映しだされた映像

解説 75ページ6行目に「最初のなぞはこれ。」とあり、さらに7行目に「のぶたんの説明が済むと、画面に次のような文字が現れました。」とあることから考えましょう。

なぞ 17 こすると消えるもの

76・77ページ

【76・77ページ】

1 油性マジック

解説 77ページ17行目の麻衣の言葉に「油性マジックでぬってあったんだ。」とあります。

2 レモン

解説 77ページ7行目に「○は『レ』か。」とあり、さらに11・12行目に「□は『モ』で、△は『ン』だ。」とあることから考えましょう。

3 ガラスの板の下にしかれた紙

解説 77ページ19～21行目に「黒い色が消えると、ガラスの板の下にしかれた紙の文字が見えてきました。そこには、『イショウベヤヘ』と書いてありました。」とあります。

---

3 ウ

解説 79ページ13・14行目に「おじいちゃんはぼくには興味がないんだ。」とあり、さらに「おじいちゃんはきっと、そんなぼくにがっかりして転校させた」（14・15行目）とあります。合わないものを選ぶことに注意しましょう。

ことわざ・慣用句の問題にチャレンジ！

Ⓐ ウ
Ⓑ ア
Ⓒ ア

言葉の学習

お話に出てきたことわざ・慣用句の意味を確かめましょう。

肝に銘じる……忘れないよう、心に強く刻みつける。

【80・81ページ】

4 石油（由来）
動物（由来）

解説 80ページ18行目に「石油から取り出した成分から作られている」とあり、81ページ5・6行目に「植物由来じゃなくて、石油由来でもない素材があるじゃないか。動物由来だよ。」とあることから考えましょう。

5 手ざわり

解説
81ページ3行目の純の言葉に「この三つと比べると手ざわりが全然ちがうよ。」とあり、さらに4行目に「このつるつる、すべすべした手ざわりって、独特かも。」とあることから考えましょう。

6 くわの葉・蚕

解説
81ページ13・14行目に「くわの葉を食べる蚕」とあり、さらに15行目に「蚕のまゆからとれる糸は、動物由来の絹。」とあります。

ことわざ・慣用句の問題にチャレンジ！

Ⓓ ウ Ⓔ ア Ⓕ イ

解説
「猫もしゃくしも」は「だれでも」、「後味が悪い」は「ものごとが終わったあとに残る気持ちや感じがよくない」、「運否天賦」は「運を天にまかせること」という意味です。

言葉の学習
お話に出てきたことわざ・慣用句の意味を確かめましょう。

安かろう悪かろう……値段が安ければ、それだけ品質が落ちる。

ことわざ・慣用句の問題にチャレンジ！

Ⓐ ア Ⓑ ア Ⓒ ウ

言葉の学習
お話に出てきたことわざ・慣用句の意味を確かめましょう。

口が悪い……人やものごとをけなすような話し方をする様子。

【84・85ページ】

4 すきあらば、けんかしようとする

解説
84ページ20行目で純は「もうっ！　すきあらば、けんかしようとするのやめてよ。」と言いますが、それでも「麻衣と頼の言い合いはどんどん加熱して」（85ページ2行目）いくので、二人にあきれていることが読み取れます。

5 四季（しき）

解説
85ページ6・7行目の純の言葉に「四つの季節だから……あっ、四季？　『しき』を名前にふくむ道具ならありそう。」とあることから考えましょう。

なぞ20 二つの石

86・87ページ

【86・87ページ】

1 移動だけでだいぶ時間を取られる

解説
86ページ5・6行目の頼の言葉に「この広さだから、移動だけでだいぶ時間を取られる。ほら、急ぐぞ！」とあることから考えましょう。

2 縄文・獲物

解説
87ページ10・11行目の純の言葉に「矢じりって聞いたことがある。縄文時代に獲物を狩るために使っていたんだよね。」とあることから考えましょう。

3 イ

解説
87ページ13・14行目の麻衣の言葉に「ちょうどこんな石を加工してキーホルダーを作ったよ。」とあり、これを聞いた頼が「キーホルダーを作れるくらい加工しやすい石なら～」（16・17行目）と言っていることに注目しましょう。

ことわざ・慣用句の問題にチャレンジ！

Ⓐ ウ Ⓑ イ Ⓒ イ

なぞ19 名前に季節のある道具 82～85ページ

【82・83ページ】

① 世界中・めずらしい

解説 82ページ4・5行目の頼の言葉に「コレクション部屋は、おじいちゃんが世界中を旅して集めてきた、めずらしいものをかざっている部屋だよ。」とあることから考えましょう。

② ふたつきのかご

解説 83ページ16・17行目に「ふたつきのかごを一つ一つ開けていた麻衣が、便せんを見つけて二人を呼びます。」とあります。

③ ウ

解説 82ページの17行目に「部屋の中を見わたしながら、純も麻衣も大はしゃぎしています。」とあり、83ページ1行目の頼の言葉に「ぼくも幼稚園児のとき、この部屋が一番好きだったな。」とあることから考えましょう。

⑥ イ

解説 85ページ16・17行目に「頼と麻衣が同時に口にしたので、言い合いはストップしました。」とあります。

ことわざ・慣用句の問題にチャレンジ！

D イ　E ウ　F イ

解説 「牛耳る」は「組織などを思うままに支配する」、「頭から湯気を立てる」は「かんかんになっておこる様子」、「売り言葉に買い言葉」は「相手のひどい言葉に対し、同じような感じで言い返すこと」という意味です。

言葉の学習 お話に出てきたことわざ・慣用句の意味を確かめましょう。

水と油……性質がちがいすぎて、混じり合わないこと。

水が合わない……その環境になじめない。

言葉の学習 お話に出てきたことわざ・慣用句の意味を確かめましょう。

憎まれっ子世にはばかる……人から憎まれる者のほうが、世の中にはばをきかせられる。

なぞ21 ブラックコーヒーが示すこと 88・89ページ

【88・89ページ】

① 保育園のころ、すごくあこがれていた

解説 88ページ7行目の純の言葉に「ぼくたちも保育園のころ、すごくあこがれていたんだよな、麻衣。」とあることから考えましょう。

② じゃあ、そ（「じゃあ、」

解説 88ページ9行目の頼の言葉に「じゃあ、そのころに出会っていたら、三人でいっしょに遊べたんだな。」とあります。最初の五文字を答えることに注意しましょう。

③ つぎはおんしつへ

解説 89ページ20行目に「『さ』『と』『う』と『み』『る』『く』を取ったらいいんじゃない?」とあり、さらに「頼がその通りにしてみると、次の行く先がわかりました。」（21行目）とあることから考えましょう。

ことわざ・慣用句の問題にチャレンジ！

Ⓐ ウ
Ⓑ ウ
Ⓒ ウ

言葉の学習

お話に出てきたことわざ・慣用句の意味を確かめましょう。

顔が利く……力があったり、信頼されていたりするために、相手に無理を言える。

なぞ22 氷に閉じこめられたもの 90～93ページ

【90・91ページ】

① 砂糖・塩・小麦粉

解説 91ページ4～6行目の頼の言葉に注目しましょう。びんの粉をなめて、一つずつ中身が何かを判断しています。さらに8行目の純の言葉に「砂糖か、塩か、小麦粉か」とあることから考えましょう。

② なめくじ

解説 91ページ19・20行目の純の言葉に「体中の水分が抜けて、どんどん小さくなるといったら、塩をかけたときのなめくじだ！」とあることから考えましょう。

③ 一時間以内に氷を溶かすこと

解説 90ページの16行目に「正しいものを選ぶと、一時間以内に氷を溶かすことができる。」とあります。字数指定にも注意して答えましょう。

ことわざ・慣用句の問題にチャレンジ！

Ⓐ ア
Ⓑ ウ
Ⓒ ア

言葉の学習

お話に出てきたことわざ・慣用句の意味を確かめましょう。

見る影もない……みじめで、見ていられない。

【92・93ページ】

④ のぶたん・宝物

解説 92ページ11行目の麻衣の言葉に「のぶたんが隠したおじいちゃんの宝物って、なんだと思う？」とあることから考えましょう。

⑤ このなぞ解きを仕組んだ人物

解説 92ページ18・19行目の頼の言葉に「ぼくはどちらかというと、このなぞ解きを仕組んだ人物のほうが気になるんだ。」とあります。

⑥ イ

解説 93ページ19～21行目に「鍵にはリボンがついていて、そこに『これは宝箱の鍵。次は中庭へ。』と書かれていました。」とあります。

ことわざ・慣用句の問題にチャレンジ！

Ⓓ ウ
Ⓔ ウ
Ⓕ イ

解説 「腹を探る」は「相手の本心を探りだそうとする」、「尻切れトンボ」は「ものごとが途中で中断され、完結しないことのたとえ」、「雲をつかむよう」は「ものごとがぼんやりしていてとらえどころがない様子」という意味です。

言葉の学習

お話に出てきたことわざ・慣用句の意味を確かめましょう。

人事を尽くして天命を待つ……精いっぱい努力して、あとは天の定めを待つ。

4章 奪われた宝の正体は

次々と出されるなぞを解き、ついに宝箱の鍵を手に入れた頼たち。

なぞを解き進めるうちに、いつしか三人は犯人がだれか、うすうす気がついていきます。

けれども一体なんのためにこんな大がかりなゲームを仕組んだのか、見当がつきません。
その真相を知るためにも三人は最後のなぞにいどみます。

なぞ23

中庭の植物たち

「中庭ってことは、また最初の大きな建物に戻るってこと？」

歩きながら麻衣がたずねると、頼はうなずきました。

だれも口には出しませんでしたが、移動となぞ解きの連続で、三人ともかなり疲れていました。歩き疲れて、ひざががくがくしてきた純は、㋑**ひざが笑う**ってこのことかなと、ぼんやり考えていたほどです。

なぞ解きがスタートした、久留寿正臣の部屋のある建物内へ戻ると、頼は**わき目もふらず**にろうかを進みます。そして、つき当たりにある両開きのドアの前で、足を止めました。そこには通せんぼをするように、横に長いテーブルがあり、その上にタブレットが置いてありました。

㋐「ここから中庭へ出られるはずだけど……。」頼が困惑しています。

「タブレットを起動してみたら？」と、純が言いました。

頼がタブレットにふれると、すぐに動画が再生され、画面にはのぶたんが登場しました。

『やあ、頼くんにお友だち、お疲れさま！　ついに宝箱の鍵を手に入れたんだね。おめでとう！　今日のミッションはここまで。食堂に夕食を用意してあるから、たくさん食べて、お風呂に入って、ゆっくり休んでね。明日の朝食後、このとびらを開放するから、そこからまたミッションス

学習日　／

1　―㋐この日、中庭へは行けましたか。合うものに○をつけましょう。

行けた・行けなかった

2　―㋑三人がこのような反応をしたのはなぜですか。文章中の言葉を使って書きましょう。

3　頼と麻衣が苦手なものはなんですか。文章中から探して書きましょう。

頼……

麻衣……

タートー！　では、また明日。』
ⓘ「よかったあ！」と同時にさけんで、三人はへなへなと床へ座りこんでしまいました。

その後、食堂へ行ってごちそうをたいらげ、お風呂も済ませた三人は、頼の部屋でⒷ**羽をのばし**ました。

「温泉まであるとは……。ここにないものを探すほうが難しそう。二人はいっしょに入ったの？」

麻衣の問いに、純がつまらなそうに答えます。

「そうなんだけど、頼ってばⒸ**からすの行水**なんだ。気がついたらもう出ていたんだよ。」

「ここの温泉って、結構熱いだろ。熱いお風呂、苦手なんだ。」と、頼がぼそぼそ言います。

「私は気持ちよかったけどな。頼は修行が足りないんじゃない？　**心頭を滅却すれば火もまた涼し**って言うじゃない。」

「麻衣だってさっき、ピーマン残してただろ。」

「あ、あれは……。」

麻衣が言いわけをしようとしたとき、純が**船をこいで**いる姿が目に入りました。それを見ていると、頼も麻衣も急に眠くなってきて、いつしか三人とも夢の中へといざなわれていったのです。

ことわざ・慣用句の問題にチャレンジ！

次の言葉の意味に合うものを選び、記号に○をつけましょう。

Ⓐ **ひざが笑う**
- ㋐ ひざの関節が音を立てる。
- ㋑ 疲れてひざががくがくする。
- ㋒ すりむいたひざが痛む。

Ⓑ **羽をのばす**
- ㋐ のびのびと自由になる。
- ㋑ ほしいものを得ようとする。
- ㋒ さらに遠くまで行く。

Ⓒ **からすの行水**
- ㋐ あちこちの温泉をめぐること。
- ㋑ 水風呂が好きなこと。
- ㋒ 入浴する時間が短いこと。

← 答えは126・127ページ

次の日の朝、食堂で食事を済ませた三人は、さっそく中庭へと向かいました。中庭というからには、四方を建物に囲まれた空間ではありますが、ここもまた広々としていて、日の光も十分に届き、地植えや鉢植えの植物がすくすくと育っていました。

それぞれの植物のそばには、名前のほか、特徴などを説明するプレートが立てられていて、まるで生きている植物図鑑です。

「これ、面白いね。勉強になる！」と、純が夢中になっています。

「これは、おじいちゃんがぼくのために、庭師のおじさんといっしょに作ってくれたものなんだ。」と、頼が照れくさそうに言いました。

「へえ、だから全部手書きなんだ。今でもこうして残されているってことは、頼って、やっぱりおじいちゃんに愛されているんだね。」と、麻衣。

「愛されてるとか、Ⓓ**歯が浮く**ようなこと言うなよ。Ⓔ**虫唾が走る。**」と返した頼ですが、㋒その顔はうれしそうです。**口が減らない**頼のそんな様子を見つけることに、麻衣はⒻ**味をしめて**いました。

「あっ、ここ見て！」と、純が指さしたプレートには、くまの手形つきの便せんがはりつけてありました。

『次の植物を探せ。また、その植物の正式名にちなんだ場所へ移動せよ。「かねのなるき」。』

読み終えた純が、自信がなさそうに言いました。

「『かねのなるき』って、名前を聞いたことはあるんだけど、実はよく知らないんだ。」

4 中庭は何のようなところでしたか。文章中から探して九文字で書きましょう。

5 ㋒頼は、麻衣が言ったどんな言葉を聞いてうれしそうにしたのですか。それがわかる一文を探して最初の五文字を書きましょう。

6 「フチベニベンケイ」のことをあらわした「かねのなるき」を漢字で書いたとき、正しいものを選び○をつけましょう。

鐘の鳴る木・金の成る木

「でも、聞いたことがあるんだったら、見たらわかるかもしれないよね。まずは探してみようよ。」と、麻衣が元気づけます。

しかし、三人がかりでプレートにある名前を見ていっても、「かねのなるき」はありませんでした。

「『正式名にちなんだ場所へ移動せよ』ってことは、『かねのなるき』は正式名じゃないってことだよな。純、何かわかりそう？」と、頼。

「うーん、『鐘の鳴る木』って書くとしたら、ツリガネソウとか？」

ところが、ツリガネソウも見当たりません。しかたなく、すべてのプレートの一字一句を、ていねいに読んでいくことにしました。

「あった！『フチベニベンケイ』のところに、『別名は金の成る木』って書いてある。『昔、新しく出てきた双葉が閉じているうちに、その先を五円玉の穴に通し、五円が実ったように見せて売ったことからこう呼ばれた。』だって。」

「ありがとう、麻衣。そうか、『金の成る木』って書くんだ。知らなかったな。頼、『フチベニベンケイ』にちなんだ場所の心当たりはある？」

「『フチベニベンケイ』……『ベンケイ』か！そうか、きっとあれのことだ。ついてきて！」

頼はそう言うと、勢いよく走りだしました。

ことわざ・慣用句の問題にチャレンジ！

次の言葉を正しい意味で使っている文を選び、記号に○をつけましょう。

D 歯が浮く

ア 今年一番の寒さに歯が浮く。

イ あまりのこわさに歯が浮く。

ウ 気取ったせりふに歯が浮く。

E 虫唾が走る

ア 虫唾が走るので病院へ行く。

イ 空腹のあまり虫唾が走る。

ウ 裏切者の笑顔に虫唾が走る。

F 味をしめる

ア 一度目の成功で味をしめる。

イ よくかんで味をしめる。

ウ つらい目にあい味をしめる。

答えは126・127ページ

なぞ
24
「ベンケイ」のなぞ

どこを目指しているのか言わずに、頼はどんどん走っていきます。昨日歩きまわった場所とは、また別の方角へ向かっているようです。やがて、大きな池が見えてきて、麻衣と純は顔を見合わせました。

「うそっ、池まであるの？　これはさすがにⒶ**蛇足**じゃない？」

「麻衣、しかもあの白いの、スワンボートだよ！」

船着き場へたどり着くと、頼が待っていました。

「ハンドルのところに、これがはってあったよ。」

そう言って、くまの手形つきの便せんを二人の前に差しだします。

「これがあったってことは、次の場所は、やっぱりここでまちがいないんだね。それで、ⓐ<u>このスワンボートが、さっきの『フチベニベンケイ』とどう関係しているの？」</u>麻衣が質問すると、頼は少しほおを赤らめ、

「まずは乗って。こぎながら説明するから。」と、二人をうながしました。

足こぎ式のスワンボートは、四人乗りのようです。子どもが三人だけだと、だいぶよゆうが感じられました。前の席に頼と純が並んで座り、後ろの席に麻衣が座ります。足でこいでボートを進めるペダルは、前の席にだけついていました。

頼から受け取った便せんの内容を、麻衣が改めて確認します。

学習日
／

1 ―ⓐこの質問に対する答えはなんですか。□に当てはまる言葉を文章中から探して書きましょう。

頼が幼稚園のとき、□に□という名前をつけた。

2 ―ⓘ自然の現象とは、ここではどんな内容を指しますか。それがわかる一文を探し、最初の五文字を書きましょう。

□□□□□

3 頼が―ⓐの質問になかなか答えなかったのはなぜですか。合うものを選んで記号に○をつけましょう。

ア 照れくさかったから。

イ 思い出せなかったから。

「『太陽に背き、虹へとこぎだせ。たどり着いた陸地に指示がある。』か。今は、太陽のある方角とは真逆へ進んでいるね。『太陽に背き』って、そういうこと？」

「おそらくね。『虹へとこぎだせ』のほうは、まだよくわからないけど。」

「いいんだよ、頼。この方向で合ってるよ。」純が自信満々に言います。

「虹って、必ず太陽の反対側に見えるんだ。太陽に背を向けているとき、目の前にアーチがかかるって、本で読んだことがある。」

「そうなんだ。Ⓘ純って、生き物のことだけじゃなくて、自然の現象にもくわしいんだな。Ⓑ**隅に置けない**。」と、頼が感心しています。

「たまたまだよ。ところで、『ベンケイ』って、なんだったの？」と、純が改めてたずねたので、麻衣も後部座席で**聞き耳を立て**ました。

　すると、頼は顔を真っ赤にして、

「これだよ、このボート！　ぼくが幼稚園のときにおじいちゃんに買ってもらって、『ベンケイ』って名前をつけたの。当時、武蔵坊弁慶の話が好きだったから！」と説明したのです。

「『ベンケイ』が頼の『Ⓒ**弁慶の泣き所**』なんだね。」

と言って、純と麻衣はくすくすと笑いました。

ウ　言うのを忘れていたから。

ことわざ・慣用句の問題にチャレンジ！

次の言葉の意味に合うものを選び、記号に○をつけましょう。

Ⓐ **蛇足**
- ア　よく思い出せないもの。
- イ　あっても見えないもの。
- ウ　つける必要がないもの。

Ⓑ **隅に置けない**
- ア　意外とあなどれない。
- イ　おぼえていられない。
- ウ　それほど目立たない。

Ⓒ **弁慶の泣き所**
- ア　弱い者の強み。
- イ　強い者の弱点。
- ウ　だれでも弱いところ。

答えは126・127ページ

なぞ 25

はためく布

スワンボート「ベンケイ号」は、大きな池を一直線に進み、乗った場所とは反対側にある船着き場へとたどり着きました。

「さっきの便せんには、『たどり着いた陸地に指示がある』って書いてあったけど……。」

船着き場を出た三人がしばらく歩いていくと、開けた原っぱのようなところに、㋐色とりどりの大きな布が干してありました。

白、黒、あわいピンク、うすい水色、クリーム色の布たちが、太陽の光を浴びながら、気持ちよさそうに風にそよいでいます。

「これって、テーブルクロスだよね。」

「こっちは大きさからいってシーツかな。」

布の間を行ったり来たりしながら、純と麻衣はくまの手形つきの便せんを探しています。

「これだけ規模の大きいお屋敷だったら、㋑建物の中に洗濯物を乾かす設備がちゃんとありそうだけど、わざわざ外に干すのはなんでだろう？」

学習日 ／

① ―㋐純と麻衣はこれらの布はなんだと言っていますか。文章中から探して二つ書きましょう。

□　□

② ―㋑わざわざ外に干すのはなぜですか。□に当てはまる言葉を文章中から探して書きましょう。

頼やおじいちゃんが、□で乾いたシーツの□だから。

③ ―㋒頼がこう思ったのは、麻衣のどんな言葉を聞いたからですか。それがわかる一文を探し、最初の五文字を書きましょう。

はためく布

麻衣が首をひねります。

「そういう設備はあるけど、おじいちゃんは太陽の光でからっと乾いたシーツのにおいが好きだって言ってたし、ぼくもそう。花粉症の時期は、外に干したシーツだと**踏んだり蹴ったり**になるから、話は別だけど。」

Ⓐ**水入らず**で過ごした、幼い日のことを思い出しているのでしょうか。頼の表情が、ほわっとやわらかくなっていました。

「そうなんだ。じゃあ、お手伝いさんたちは、今はそんな頼のために外に干してくれているんだね。」

「言われてみればそうか。自分のことはⒷ**棚に上げて**いたよ。ぼくもみんなにⒸ**手を焼か**せているんだな。ⓤあとでお礼を言わないと。」

頼と麻衣の会話に、純が割って入りました。

「あったよ、便せん！　タオルに混じって、洗濯ばさみでとめてあった。」

三人は額をつき合わせるようにして、便せんを読みました。

『ここに干してあるシーツやテーブルクロスの素材はみな同じである。もっとも早く乾くのは何色か。次は、選んだ色の建物へ行け。

ヒント：淡水魚よりも鯉が早い。』

頼が改めて、大きな布の色を確認します。

「白、黒、あわいピンク、うすい水色、クリーム色……か。」

「さわってみたけど、どれも干したばかりみたいで、乾き方の差はまだよくわからないな。純、このヒントについてはどう？」

と、麻衣が純の顔を見ます。

ことわざ・慣用句の問題にチャレンジ！

次の言葉の意味に合うものを選び、記号に○をつけましょう。

Ⓐ 水入らず

- ア 屋内で集まること。
- イ 天気のよい日に集まること。
- ウ 近しい者だけで集まること。

Ⓑ 棚に上げる

- ア よく見えるところに置く。
- イ 都合の悪いことにはふれない。
- ウ 実力以上によく見せようとする。

Ⓒ 手を焼く

- ア うまく対応できずに困る。
- イ 腹の立つ思いをする。
- ウ 思わぬやけどを負う。

答えは126・127ページ

「これ、すごく引っかかるんだ。淡水魚っていうのは、淡水にすむ魚のことなんだけど、鯉だって淡水魚なんだよ。」

生き物好きの純の話を、頼も麻衣も真剣に聞いています。

「淡水っていうのは、海水などとちがって塩分を多くふくまない水のこと。真水とも呼ばれるんだけど、川や湖の水や、雪どけ水も淡水なんだ。川や池、沼、湖などにすむ鯉は、大型の淡水魚の代表格なんだよ。」

純の説明にⒹ**耳を貸し**ていた頼は、

「じゃあ、この文章自体がまちがっているのかもな。」

と言いましたが、麻衣はそうは思わないようです。

「この文はヒントだから、本来の意味とは別のことを表しているかも。」

「魚の話じゃないってこと？」と、純が不思議そうに言います。

「そう。だって、今、わたしたちが考えなければならないのは、どの色の布が早く乾くかってことだもの。」

「たしかに、それはⒺ**的を射た**意見だ。」と、頼がうなずきました。

「鯉の話は、引っかけかもしれない。あっ、たとえば『鯉』が、色が『濃い』ことを表しているとしたら？」

頼の言葉に、純が目をかがやかせました。

「なるほど！『淡水魚』の『淡』って、訓読みだと『あわい』だよね？」

純の言葉のあとを、麻衣が引き継ぎます。

「ということは、『淡水魚』が『淡い』、『鯉』が『濃い』を表しているとすると、『淡水魚よりも鯉が早い』だから、『淡い』色よりも、『濃い』色

4 ヒントにあった「淡水魚」と「鯉」について、純はどんなことが引っかかると考えていますか。□に当てはまる言葉を文章中から探して書きましょう。

鯉も［　　　　］なのに、分けて書いてあること。

5 話し合った結果、「淡水魚」と「鯉」は、それぞれ何を表すと考えましたか。文章中の言葉を使って書きましょう。

淡水魚……［　　　　］

鯉……［　　　　］

6 三人は結局、どの色を選びましたか。文章中から探して書きましょう。

［　　　　］

のほうが乾くのが早いってことかも！」

そこで、三人は再び、大きな布の色を確認しました。

「ピンク、水色、クリーム色は、どれも『淡い』よね。」と、純。

「黒はまちがいなく『濃い』と思うけど、白ってどっちなんだろう？　次は、選んだ布の色の建物へ行くんだよね。黒い建物ってあるの？」

麻衣が頼にたずねました。

「向こうにビリヤード場があるんだけど、それが真っ黒な建物だったよ。他に白い建物もあるけどね。」

白か黒か。Ⓕ**二の足を踏んで**いると、純がある実験のことを思い出しました。

「虫めがねで太陽の光を集めて、紙をこがす実験をしたよね。学校では白い紙を使ったけど、黒い紙のほうが早く燃えるらしいよ。」

「たしかに、黒いほうが光を吸収しやすいって聞いたことがある。夏に黒いTシャツを着ていると暑いし……。」と、麻衣。

「二人の意見をもとに考えると、黒のほうが正しそうだ。もう、**清水の舞台から飛び下りる**しかないな。ビリヤード場へ向かおう！」

頼が指さしたほうへ、三人は再び歩きだしました。

ことわざ・慣用句の問題にチャレンジ！

次の言葉を正しい意味で使っている文を選び、記号に○をつけましょう。

Ⓓ 耳を貸す

ア　友人の忠告に耳を貸す。
イ　工事中の騒音に耳を貸す。
ウ　周囲の雑音に耳を貸す。

Ⓔ 的を射る

ア　的を射るような視線。
イ　的を射た指摘を受ける。
ウ　的を射た性格。

Ⓕ 二の足を踏む

ア　二の足を踏みに行く。
イ　値段を見て二の足を踏む。
ウ　二の足を踏んでくやしがる。

答えは127・128ページ

なぞ26 ナインボールのルール

黒い外観の建物は、頼や正臣の部屋がある建物に比べると、Ⓐ**猫の額**ほどの大きさでした。でも、麻衣や純にはどことなく落ち着く広さです。

中に入ると、ビリヤードの台が四台、間をあけて置かれていました。

「これがビリヤード台かあ。本物を見たのは初めて。頼は、ビリヤードをやったことがあるの？」

「ないよ。ぼくが前にここに来たときは、まだ小さくて台に届かなかっただろうし……。でも、おじいちゃんはⒷ**昔取った杵柄**で、お父さんをよく負かしていたみたい。お母さんがそう言ってた。」

頼が少しさみしそうに見えて、麻衣と純は顔を見合わせました。お父さんとおじいちゃんが、ここでビリヤード対決をする姿を、頼が見ることはできないのです。

㋐「いつかここで、三人で対決しようよ！」

純が頼の肩をたたきます。

「いいね、それ。まあ、私が一位になるだろうけど。」

「二人ともやったことがないくせに。ぼくの**胸を借りる**気だろ。」

と言いつつ、頼の顔がやっと明るくなりました。

早くなぞを解きたいところですが、くまの手形つきの便せんがなかな

学習日 ／

1 黒い外観の建物は、何をするところでしたか。文章中から探して書きましょう。

[　　　　]

2 ―㋐純がこんなことを言ったのはなぜですか。文章中の言葉を使って書きましょう。

[　　　　]

3 ―㋑この方法は、何をヒントに思いつきましたか。□に当てはまる言葉を文章中から探して書きましょう。

九番のボールを穴に [　　　　] ほうが勝ちという、[　　　　] の

か見つかりません。

「ビリヤード台の下も全部見たけど、ないね。」

　入り口からもっとも遠い台の上には、色とりどりのビリヤードの球が、トランプのダイヤの形に置かれていました。

「まさか、この下とか？」と、純が球を一つ一つ持ち上げていくと、折りたたまれた便せんが見つかったのです。

『これはナインボールの置き方。次の暗号を解き、その場所へ向かえ。

　ひきゅうるでもせきゅういざきゅうをみられきゅうるときゅうころ』

「これだけ？」と、麻衣は不満そうです。

「ナインボールって何？」と純が言うと、頼がかべの棚にあった『初めてのビリヤード』というⓒ**虎の巻**をめくりながら答えました。

「たしか、ビリヤードのゲームの一つだったと思う。あっ、ここに説明がある。九番のボールを穴に落としたほうが勝ちってことみたい。」

「九番のボールを落とす？　九を落とす……あっ、わかった！　ⓘこの暗号文から九、つまり『きゅう』を落とせばいいんだよ。」と、麻衣。

　すると、次に行くべき場所が、明らかになりました。

ルール。

ことわざ・慣用句の問題にチャレンジ！

次の言葉の意味に合うものを選び、記号に○をつけましょう。

Ⓐ **猫の額**
- ア 場所がせまいこと。
- イ 地盤がゆるいこと。
- ウ めったにふれられないこと。

Ⓑ **昔取った杵柄**
- ア 伝統的な方法。
- イ 過去に身につけた技。
- ウ 以前、なくした道具。

Ⓒ **虎の巻**
- ア 縁起のよい食べ物。
- イ 参考書などの本。
- ウ 大切にしている宝。

答えは128・129ページ

なぞ27 仲間はずれを探せ！

暗号文から「きゅう」を落とすと、「ひるでもせいざをみられるところ」となったので、麻衣と純はあるものを思いうかべました。

「昼でも星座を見られるっていうと、プラネタリウムがうかぶんだけど、さすがにそんなものは……。」と言いかけた麻衣に、頼はⒶ**何食わぬ顔**で、

「あるよ、プラネタリウム。あっちだ。急ごう。」

と言い、先に立って歩き始めました。

そして、しばらく歩いていくと、ドーム型の建物が見えてきたのです。

「じょうだんかと思ったけど、ほんとにあったね。」と、純が**はとが豆鉄砲を食ったよう**な顔をしています。

三人が中へ入り、シートに座るやいなや、上映が始まりました。天井には、春夏秋冬、それぞれの季節の星空が映しだされ、そこへおだやかな声のナレーターによる説明が加わります。

上映開始から十分後。とつぜん、夜空にのぶ

学習日 ／

① 純がじょうだんだと思ったのは、どんなことでしたか。文章中の言葉を使って書きましょう。

② ―Ⓐこの四つの星座は、それぞれどの大三角に関係していますか。合うものを線で結びましょう。

- 白鳥座・
- わし座・
- こいぬ座・
- おおいぬ座・

- ・夏の大三角
- ・冬の大三角

③ 音楽鑑賞室はどこにありますか。文章中から探して書きましょう。

なぞ27　仲間はずれを探せ！

たんが現れました。

星空に見とれていた三人は、Ⓑ**目玉が飛び出**そうになっています。

『やあやあ、きみたち。すぐにⒸ**にっちもさっちも**いかなくなって、音を上げると思っていたら、意外にもがんばっているね。

いよいよ、なぞ解きも残りわずかとなってきた。次のなぞはこれ。

夏の大三角、冬の大三角って知っているよね。この二つに関係のある星座のうち、仲間はずれを探せ！　答えが次に行く場所のヒントになるよ。』

それだけを伝えると、のぶたんの姿は画面から消えてしまいました。

「夏の大三角に関係があるのは、白鳥座、わし座、こと座だ。」と、麻衣。

「うん。冬の大三角は、オリオン座、こいぬ座、おおいぬ座だ。」と、頼。

「仲間はずれを探せってことだから、共通点を探っていこうか。ⓐ『白鳥』と『わし』だと、どちらも鳥で……あっ、『こいぬ』と『おおいぬ』もいるから、生き物という共通点があるね。『こと』は楽器だからちがうけど、『オリオン』ってなんだろう？」

純の疑問に、麻衣が答えます。

「ギリシア神話に登場する人の名前だよ。星座の本に書いてあった。」

「じゃあ、純が言ったように、『こと』以外には、『生き物』という共通点が当てはまるから、仲間はずれは『こと』だ！」と言って、頼は「こと」にまつわる場所について考えます。

「日本の『琴』がある『音楽鑑賞室』がある。そこへ行ってみよう。」

三人は再び、なぞ解きをスタートした建物へ戻ることになりました。

ことわざ・慣用句の問題にチャレンジ！

次の言葉の意味に合うものを選び、記号に○をつけましょう。

Ⓐ **何食わぬ顔**
- ㋐ 意地悪そうな顔つき。
- ㋑ 空腹そうな顔つき。
- ㋒ 関係ないという顔つき。

Ⓑ **目玉が飛び出る**
- ㋐ 笑いすぎで目が細くなる。
- ㋑ 悲しんで大泣きする。
- ㋒ おどろいて目を大きくする。

Ⓒ **にっちもさっちも**
- ㋐ 二人でも三人でも。
- ㋑ どうにもこうにも。
- ㋒ あっちもこっちも。

← 答えは128・129ページ

なぞ28

地をはうようなうめき声

三人は、音楽鑑賞室にたどり着きました。防音用だという二重のとびらをぬけて中へ入ると、頼が言っていた日本の琴や大きなハープのほか、さまざまな楽器が置かれていました。

「これ、全部おじいちゃんのものなの？」

麻衣がたずねると、頼はこくりとうなずきました。

「おじいちゃんはいろんな楽器にもすぐに興味をもって、やってみたくなるんだって。どんな楽器の演奏も上手だよ。」

「ゲーム開発のほかに楽器の演奏も上手だなんて、Ⓐ**天は二物を与えず**っていうのはうそなのかな。」

「頼も、何か演奏できるの？」と、今度は純がたずねます。

「ピアノなら、少しね。」

二人は「聴きたい！」と頼にたのみました。最初は断っていた頼も二人の熱意に負け、ピアノの前に座ります。

麻衣と変わらない大きさの頼の手が、鍵盤の上を軽やかにすべります。ふだんの頼の言動と

学習日 ／

1 音楽鑑賞室で、頼が演奏した楽器はなんですか。文章中から探して書きましょう。

2 頼の演奏を聴いているときの、麻衣と純の様子がわかる一文を探し、最初の五文字を書きましょう。

3 頼が出ていったあと、どうなりましたか。文章中の言葉を使って書きましょう。

は裏腹なやわらかい音色に、純も麻衣もうっとりと聴きほれていました。

演奏が終わると、二人は頼に熱い拍手をおくりました。

「ぼくも前にピアノを習っていたけど、Ⓑ**足もとにもおよばない**なあ。なんかちょっと泣けちゃったよ。」

「わかる。Ⓒ**琴線にふれる**演奏だった！　今のはなんていう曲なの？」

「**石の上にも三年**、どころか七年も続けているからね。この曲は……。」

と、頼が言いかけたところで、奥の部屋のほうからバタンという物音が聞こえました。

「だれかいる!?」

三人は急いで、奥の部屋へと向かいます。そこは、大きなソファや暖炉のある部屋でした。

引き戸が開いていたので、奥の部屋にはすぐに行くことができましたが、人影は見当たりませんでした。

「とびらが閉まるような音だったよね。」

「そこにバルコニーへ出られるとびらがある。見てくるよ。」

と、頼が出ていった直後、部屋の中になんとも奇妙な音楽が流れだしました。

その曲は、ソファのある部屋の大きなスピーカーから聴こえているようです。スピーカーのそばに置いてあるプレーヤーの上では、黒いレコードがくるくると回っていました。

女性とも男性ともつかない、うめき声のような、もったりとした声と

ことわざ・慣用句の問題にチャレンジ！

次の言葉の意味に合うものを選び、記号に○をつけましょう。

Ⓐ **天は二物を与えず**
- ア　天は多くの長所を与えない。
- イ　天は多くの試練を与えない。
- ウ　天は同じものを二つは与えない。

Ⓑ **足もとにもおよばない**
- ア　似たりよったり。
- イ　比べものにならない。
- ウ　やり方がかけはなれている。

Ⓒ **琴線にふれる**
- ア　相手を激しくおこらせること。
- イ　あまりに弱々しくて困ること。
- ウ　よい刺激を受け、感動すること。

← 答えは128・129ページ

演奏が室内をはいずりまわります。

「やっぱり、さっきまでだれかいたんだ。このレコードをセットして、そこのとびらから出ていったのかな？」と、麻衣。

「一体、なんのレコードなんだろ。気味が悪いよ。」と、純。

そこへ、頼が戻ってきました。

「だれもいなかった。ここのバルコニーは、あちこちの部屋から出入りできるから、どこかへにげられたのかも。ん、これ、なんの音？」

一瞬、Ⓓ**耳をそばだて**てから、頼は二人が指さしたレコードプレーヤーへ近寄りました。そして、**鵜の目鷹の目**で、スピーカーのわきにあった、くまの手形つきの便せんを発見したのです。

「あったよ！『この曲のタイトルが指す部屋へ向かえ。宝箱はそこにある。』だって。」

これを聞いて、麻衣と純は希望を抱きました。

「このなぞさえ解ければ、いよいよ宝箱のところへ行けるんだ！」

そう言っている間にも、奇妙な曲は流れ続けています。

頼は、レコードの針が取りつけられている部分を手で持ち上げました。すると、ようやく気味の悪い曲が止まったのです。

「あーっ、こわかった。頼はレコードをあつかうことができるんだね。」

と、純が感心して言いました。

「最近、園田さんに教えてもらったばかりで、すぐにⒺ**ぼろが出る**かも。そのとき、何かヒントになりそうなことを聞いた気がするんだよな。」

4 頼は、どうやって曲を止めましたか。文章中の言葉を使って書きましょう。

□

5 レコードの曲が奇妙な感じに聴こえていたのはなぜですか。□に当てはまる言葉を文章中から探して書きましょう。

回転数□で聴く用に作ったレコードを、□の設定で聞いていたから。

6 ⑤のようにして聴くと、レコードの曲はどうなりますか。合うものを選んで記号に○をつけましょう。

ア 本来よりも速く再生される。

イ 本来の速さで再生される。

ウ 本来よりも遅く再生される。

頼が記憶をたどって思い出した園田さんの話の内容はこうでした。

「このレコードプレーヤーでは、回転数が33のレコードと、45のレコードを聴くことができます。回転数33で聴く用に作られたレコードを、45の設定で聴くと、本来よりも曲が早く再生され、全くちがうものに聴こえます。逆に回転数45で聴く用に作られたレコードを、33の設定で聴くと、曲がものすごく遅くて間のびしたように聴こえるのです。」

レコードプレーヤーをよく見てみると、33と45を切りかえるスイッチが見つかりました。

「じゃあ、あのもったりした、地をはうような感じは、本来よりも曲が遅くて間のびしたように聴こえていたってことじゃない？」と、麻衣。

「ということは、さっきまでのあの曲は、回転数45で聴く用に作ったレコードを33の設定で流していたってことか。」と、純。

「おそらくね。スイッチを45に切りかえて流してみるよ。Ⓕ**正鵠を射て**いるといいけど。」

すると、今度は美しいメロディが流れ始めました。しかもそれは、さっき頼がピアノでひいた曲だったのです。

「さっき言い忘れた。曲のタイトルは、『秘密の部屋』だよ。」と、頼がほほえみました。

ことわざ・慣用句の問題にチャレンジ！

次の言葉を正しい意味で使っている文を選び、記号に○をつけましょう。

Ⓓ 耳をそばだてる

ア 恥ずかしくて耳をそばだてる。
イ 聞かないように耳をそばだてる。
ウ 虫の声に耳をそばだてる。

Ⓔ ぼろが出る

ア 夜道を歩くとぼろが出る。
イ 知ったかぶりをしてぼろが出る。
ウ 悲しみのあまりぼろが出る。

Ⓕ 正鵠を射る

ア まさに正鵠を射た意見だ。
イ 馬に乗ったまま正鵠を射る。
ウ 正鵠を射る時刻。

答えは129・130ページ

なぞ29 「秘密の部屋」へ

足早に頼のあとを追いながら、純がたずねました。

「『秘密の部屋』って？」

「二階の一番奥に、物置代わりにしている部屋があるんだ。使っていない家具なんかが置いてあって。幼稚園児だったころ、ぼくはそこを秘密基地にして遊んでいたんだ。」

「それが、さっきの曲とどう関係しているの？」と、麻衣。

「『秘密の部屋』は、おじいちゃんがよく聴かせてくれた曲なんだ。ぼくはあの曲が大好きで、いつしか、その物置のことを『秘密の部屋』と呼ぶようになったんだよ。」

「へえ、じゃあ、おじいちゃんとの思い出の場所なんだね。」

麻衣がそう言うと、頼はぴたっと足を止めました。すぐ後ろを歩いていた純が、頼の後頭部に鼻をぶつけます。

「ちょっと、急に止まらないでよ！　Ⓐ**目から火が出る**じゃないか。」

しかし、その声はⒷ**馬耳東風**で、頼の耳には届いていないようです。

「やっぱり、そうか。」

「いててて。何がやっぱりなの？」

と、純は頼を責めるのをあきらめ、**涙をのんで**質問します。

学習日　／

① 麻衣は、「秘密の部屋」は頼にとってどんな場所だと思いましたか。文章中から探して十四文字で書きましょう。

② ――あ 麻衣がこう考える理由はなんですか。□に当てはまる言葉を文章中から探して書きましょう。

「□のことは、□しか知らないはずだ」と頼が言ったから。

③ 最後のなぞに登場するのは、頼にとってなじみのあるどんなものですか。文章中から探して書きましょう。

「あの部屋のことは、ぼくとおじいちゃんしか知らないはずなんだ。『秘密の部屋』って呼んでいたことも。」

麻衣は大きくうなずきながら、確信をもって言いました。

Ⓐ「のぶたんを操って、頼をⒸ**手玉に取って**いるのは、やっぱり久留寿正臣さんのようだね。」

「でも、おじいちゃんが一体なんのために……。」

ほどなくして、三人は「秘密の部屋」の前にたどり着きましたが、すぐに中へ入ることはできませんでした。ドアには鍵がかかっていて、さらにドアの前にイスがあり、その上にタブレットが置かれていたのです。

頼がタブレットを手に取ると、ぱっと画面が明るくなり、のぶたんが登場しました。

『ここまでよくがんばったね！　いよいよ、最後のなぞだ。

これから、頼くんにとってなじみのある三体のパペットが、それぞれしゃべるよ。

三体のうち、二体はうそをついている。本当のことを言っているのは　一体だけ。その一体を見つけること。

どれか一体のパペットに、一つだけ質問をす

ことわざ・慣用句の問題にチャレンジ！

次の言葉の意味に合うものを選び、記号に○をつけましょう。

Ⓐ **目から火が出る**

ア　恥ずかしい思いをすること。

イ　頭を打ち火花が出た気がすること。

ウ　急にものごとが理解しやすくなること。

Ⓑ **馬耳東風**

ア　他人の意見や批判をよく聞くこと。

イ　他人の意見や批判を聞き流すこと。

ウ　他人に意見や批判を求めること。

Ⓒ **手玉に取る**

ア　うまく対応できずに困る。

イ　人を思い通りに動かす。

ウ　これ以上ないほどかわいがる。

答えは130・131ページ

ることを許可しよう。ただし、質問の内容に関係なく、うそつきはうそを、そうでない者は真実を答えるよ。では、スタート！』

のぶたんのかけ声を合図に、画面が切りかわり、どうやらオンライン上でやりとりができるシステムとつながったようです。

画面には、色ちがいの服を着た三体のパペットが現れました。

「やあ、頼くん。久しぶり！　わたしたちのことを覚えてる？」と、Ⓓ**耳につく**甲高い声がして、三体のパペットがおじぎをしました。

「覚えてるよ。赤い服が鎌倉、青い服が室町、緑の服が戦国だろ。」

「わあ、覚えてた！　いっしょに遊んであげたから当然と言えば当然だけど。」と、パペットたちが**恩に着せ**ようとします。

幼稚園時代の頼のネーミングセンスに、麻衣と純はⒺ**抱腹絶倒**しそうでしたが、頼のⒻ**気が散って**はいけないと思い、必死でたえました。

「じゃあ、なぞ解き、いくよ。」鎌倉の言葉を合図に、戦国が前に出ます。

「宝箱は、この部屋の奥のクローゼットの中にあります。」

次に、室町が前に出て、こう言いました。

「わたしは宝箱の中身を知っています。」と言いました。

4 パペットの鎌倉、室町、戦国という名前は、いつ・だれがつけたものですか。文章中から探して書きましょう。

いつ……

だれが……

5 うそつきだとすぐに見破られたパペットの服の色を書きましょう。

6 宝箱はどこにあることがわかりましたか。文章中の言葉を使って書きましょう。

そして、最後に鎌倉が、

「わたしはここにある宝箱の存在を知りません。」

と言うと、それきり三体ともだまってしまいました。

画面からいったん目をはなし、頼が麻衣と純をふり返ります。

「えっと、最後にしゃべったのは鎌倉だっけ？　鎌倉は、言っていることがそもそも矛盾しているから、うそをついていると思う。」

麻衣がそう言うと、純も同意しました。

「ぼくもそう思う。となると、室町か戦国のどちらかが真実を言っているのか。どっちだと思う？」と、頼。

「これだけだとわからないよね。それを確かめるためには、どんな質問をしたらいいのかな？」と、純が首をひねります。

「これじゃない？『戦国さん、宝物はこの部屋の中にありますか？』」

麻衣がそうたずねると、戦国は「はい、あります。」と答えました。

「そうか。この部屋に宝箱があることは、すでにわかっていることだから、『はい』と答えた戦国はうそつきではない。」と、頼が納得します。

「ということは、最初に戦国さんが言った『この部屋の奥のクローゼットの中にある』も真実ってことだね。」と、純。

真実を見ぬいた三人を、三体のパペットたちは画面の中から「おめでとう！」と言って、たたえてくれました。

やがて、中からガチャリという音がし、「秘密の部屋」のドアが静かに開き始めました。

ことわざ・慣用句の問題にチャレンジ！

次の言葉を正しい意味で使っている文を選び、記号に○をつけましょう。

Ⓓ 耳につく
ア 妙なにおいが耳につく。
イ 人の欠点が耳につく。
ウ せみの声が耳につく。

Ⓔ 抱腹絶倒
ア 笑い話に抱腹絶倒する。
イ あまりの痛さに抱腹絶倒する。
ウ 空腹で抱腹絶倒しそうだ。

Ⓕ 気が散る
ア あらゆる方面に気が散る。
イ となりの話し声に気が散る。
ウ 気が散って、考えが変わる。

← 答えは130・131ページ

なぞ30

おじいちゃんの宝物

ドアは十センチほど開いたところで、ぴたりと止まりました。室内は真っ暗なようで、すきまから中の様子を知ることはできません。

頼はだまったまま、立ちすくんでしまいました。

「いっしょに行こうよ。」と、純が頼の右手を取ります。麻衣もまた、頼の左手を取りました。二人がいっしょなら、Ⓐ**鬼に金棒**だと頼は思いました。

先に立った麻衣が、開いているほうの左手で、開きかけたドアを押します。大きく開いたところで、三人は室内へと踏み入りました。

純が手探りでカーテンを引くと、一気に日が差しこみ、室内はぱっと明るくなりました。

パペットの「戦国」の言葉を思い出した頼は、すぐにクローゼットへ向かいます。両開きの戸を開けると、中には美しい彫刻がほどこされ、つやつやと光る木製の箱が鎮座していました。

「ついに宝箱発見！　ようやく宝がⒷ**日の目を見る**んだ。」と、純。

「一体、何が入っているんだろう？」と、麻衣も興味津々です。

木箱の正面に鍵穴があり、温室で手に入れた鍵を差しこむと、カチリと音がしました。頼が箱のふたに手をかけると……。

「うわあ、すごい！　こんなにたくさん。」

学習日　／

1 宝箱は、実際にはどんな箱でしたか。文章中から二十三文字で探し、最初の五文字を書きましょう。

2 おじいちゃんの宝とはなんでしたか。文章中から探して十二文字で書きましょう。

3 ―あ ここからどんなことがわかりますか。合うものを選んで記号に○をつけましょう。

ア 手紙を読んでいたこと。

イ 手紙を読んでいなかったこと。

ウ 手紙を読まずにとっていたこと。

中から出てきたのは、幼稚園から小学校にかけての頼にまつわる思い出の品々でした。写真はもちろん、頼がかいた絵や工作、自由研究、作文などの**玉石混淆**が、アルバムやファイルなどに整理され、大切に保管されていたのです。頼は信じられない思いで、それらを見つめました。

「これがおじいちゃんの宝だなんて……。」

さらに、美しい装飾がほどこされた小箱が出てきました。中に収まっていたのは、頼がこれまでにおじいちゃんに送った手紙でした。(あ)どの封筒にも、封を切ったあとがあります。

「おじいちゃんは、いつも忙しくて、ぼくの手紙なんて読んでいないと思ってた。てっきり、Ⓒ**愛想をつかさ**れているんだと……。」

頼の目から、ぽたぽたとなみだがあふれます。

そのとき、秘密の部屋に

「そんなことはない。頼こそ私の宝だよ。」

という、静かで低い声がひびきました。

まさかと思いつつ、頼がゆっくりとふり返ると、そこにいたのは久留寿正臣、その人でした。手にはのぶたんを抱いています。

「とっくに気づいていただろうが……この宝探しを計画したのは、のぶたんと私なんだ。」

「じゃあ、頼のおじいちゃんが魔物なの？」と、

ことわざ・慣用句の問題にチャレンジ！

次の言葉の意味に合うものを選び、記号に○をつけましょう。

Ⓐ **鬼に金棒**

ア 強い者にも弱点がある。

イ 強い者に強さが加わる。

ウ 同じぐらいの実力。

Ⓑ **日の目を見る**

ア 知られるようになる。

イ 消えてなくなる。

ウ きらきらとかがやく。

Ⓒ **愛想をつかす**

ア あきれて愛情をなくす。

イ これ以上ないほどかわいがる。

ウ 遠慮をしない仲になる。

← 答えは130・131ページ

純が目を丸くします。

「ははっ、そりゃあいいね！」

久留寿氏は豪快に笑い、純と麻衣に握手を求めました。

「頼にこんなにかしこくて、勇気のある友だちができて、心からうれしいよ。前の学校では、ずっと友だちができなかったようで心配していたんだ。だますようなことをして悪かったね。ごめんなさい。」

久留寿氏に頭を下げられ、麻衣も純も恐縮してしまいます。

「そして、頼。『のぶたん』はもちろん、スワンボートの『ベンケイ』や、『秘密の部屋』のことまで覚えていてくれてありがとう。うれしいよ。」

久留寿氏は大きな手で、頼の肩をぽんぽんとたたきながら、

「こんなにたくさんのミッションを、よく最後までクリアしたね。会えないうちに、Ⓓ**一皮むけた**んだな。」と、しみじみ言いました。

「ぼく一人じゃ無理だったよ。この二人が、いろいろなことを知っていたり、いっしょに考えてくれたりしたから、ここまでたどり着けたんだ。今まで友だちができなかったのは、ぼくも悪かったんだって、今ならそう思えるよ。こんなこと言うのは、**釈迦に説法**かもしれないけど。」

「いやいや、私もまだまだⒺ**青二才**だ。三人を見ていて教えられたよ。みんなの力が合わさると、できることがどんどん増えていくのだと。さあ、Ⓕ**あごが落ち**そうな夕飯を食べよう。明日は祝日だったね。二人とも、よかったら今日も泊まっていってください。実は今、新しいゲームのことで迷っていてね。知恵を貸してもらえたら、とっても助かるんだが。」

4 久留寿氏は、麻衣と純をどんな友だちだと言って喜びましたか。文章中から探して十四文字で書きましょう。

5 頼は、なぞ解きをクリアできたのは何があったからだと考えていますか。合うものを選んで記号に○をつけましょう。

ア 麻衣との口げんか。

イ 純の食欲。

ウ 麻衣と純の協力。

6 この日、頼がおじいちゃんにわたしたのは、どんな手紙ですか。文章中から探して書きましょう。

久留寿氏の言葉に、三人は大喜びしました。

夕食後、頼は久しぶりに会えた祖父に手紙をわたしました。

しばらくこの屋敷に滞在することにした久留寿氏は、夜中に一人、自分の部屋でこの手紙を開きました。

『おじいちゃん、いつもえんくからぼくをけんしゅってくれて、ありがとう。なかなかかいえなくて、ひしいじもあるけど、ぼくはおじいちゃんのことがだいこうきです。あなたのそん』

読み終えた久留寿氏は、目頭をおさえると、宝箱の中に、そっとこの手紙をしまいました。

「わざわざ漢字を音読みに変換した手紙をわたすなんて、素直じゃないな。」と、麻衣。

「いいだろ、別に。」

「たしかに『大好き』なんて、照れくさいよね。」

「ちょっ……純、言うなよ！」

今夜は三人で、並べたふとんに川の字で寝ることにしました。

昼間の疲れもあって、純と麻衣はすぐにうとうとし始めます。二人の寝息を聞きながら、頼は「ありがとう。」と口にしたのでした。

ことわざ・慣用句の問題にチャレンジ！

次の言葉を正しい意味で使っている文を選び、記号に○をつけましょう。

D 一皮むける

ア 俳優として一皮むける。
イ りんごを一皮むけた。
ウ 目が一皮むけるほど泣いた。

E 青二才

ア 青二才の分際で何を言う。
イ 今年、青二才になりました。
ウ 青二才のかんろくがある。

F あごが落ちる

ア おいしくてあごが落ちる。
イ さけびすぎてあごが落ちる。
ウ 笑いすぎてあごが落ちる。

答えは130・131ページ

答えと解説

なぞ23 中庭の植物たち
100〜103ページ

【100・101ページ】

① 行けなかった

解説 100ページ15行目、動画の中ののぶたんの言葉に「今日のミッションはここまで。」とあり、さらに17行目に「明日の朝食後、このとびらを開放する」とあることから考えましょう。「このとびら」とは、中庭へ出るドアのことです。

② (例)(移動となぞ解きの連続で、)かなり疲れていたから。

解説 ミッションから解放されて安心しているのですから、これ以上は続けたくなかったのです。100ページ3・4行目に「移動となぞ解きの連続で、三人ともかなり疲れていました。」とあることをもとに、理由を表す「〜から。」の形でまとめましょう。

③ 頼……熱いお風呂
麻衣……ピーマン

解説 101ページ13〜17行目の麻衣と頼の会話のやりとりをよく読んで考えましょう。

⑤ 頼って、や

解説 102ページ11行目の麻衣の言葉に「頼って、やっぱりおじいちゃんに愛されているんだね。」とあります。すぐあとで悪態をついてはいますが、顔がうれしそうであることから、頼が麻衣の言葉に喜んでいる様子が読み取れます。

⑥ 金の成る木

解説 103ページ11・12行目の麻衣の言葉に「『フチベニベンケイ』のところに、『別名は金の成る木』って書いてある。」とあることから考えましょう。

ことわざ・慣用句の問題にチャレンジ!

D ウ
E ウ
F ア

解説 「歯が浮く」は「軽々しい言動に接して不快に思う」、「虫唾が走る」は「胸がむかつくほど不快になる」、「味をしめる」は「成功したことに気をよくし、次も同じようなことを期待する」という意味です。

言葉の学習 お話に出てきたことわざ・慣用句の意味を確かめましょう。
口が減らない……口が達者で、理屈を並べたり、遠慮なくしゃべったりする様子。

言葉の学習 お話に出てきたことわざ・慣用句の意味を確かめましょう。
聞き耳を立てる……集中して、よく聞こうとする。

なぞ25 はためく布
106〜109ページ

【106・107ページ】

① シーツ・テーブルクロス
※順不同

解説 106ページ12・13行目に「これって、テーブルクロスだよね。」「こっちは大きさからいってシーツかな。」とあり、さらに107ページ14行目の便せんの内容にも「シーツやテーブルクロス」とあります。

② 太陽の光・においが好き

解説 107ページ2・3行目の頼の言葉に「おじいちゃんは太陽の光でからっと乾いたシーツのにおいが好きだって言ってたし、ぼくもそう。」とあることから考えましょう。

ことわざ・慣用句の問題にチャレンジ！

Ⓐ イ
Ⓑ ア
Ⓒ ウ

言葉の学習

お話に出てきたことわざ・慣用句の意味を確かめましょう。

わき目もふらず……よそ見をせずに一つのことに集中して取り組む様子。

心頭を滅却すれば火もまた涼し……雑念をなくして心を無にすれば、苦痛を感じることがなくなる。

船をこぐ……体をゆすって居眠りをしている。

【102・103ページ】

④ 生きている植物図鑑

解説
102ページ2～4行目には、広くて日当たりのいい中庭に植物があることが説明されており、さらに「植物のそばには、～まるで生きている植物図鑑です。」（5・6行目）とあることから考えましょう。

なぞ24 「ベンケイ」のなぞ

104・105ページ

【104・105ページ】

① スワンボート・ベンケイ

解説
読み進めていくと、105ページ15～17行目の頼の言葉に「これだよ、このボート！　ぼくが～『ベンケイ』って名前をつけたの。」とあります。

② 虹って、必

解説
――㋑は、105ページ6行目で純が「虹って、必ず太陽の反対側に見えるんだ。」と言っていることに対する、頼の反応です。

③ ア

解説
104ページ11行目に「麻衣が質問すると、頼は少しほおを赤らめ」とあり、さらに105ページ14行目に「頼は顔を真っ赤にして」とあることから考えましょう。

ことわざ・慣用句の問題にチャレンジ！

Ⓐ ウ
Ⓑ ア
Ⓒ イ

---

③ じゃあ、お

解説
107ページ7・8行目に「じゃあ、お手伝いさんたちは、今はそんな頼のために外に干してくれているんだね。」とあります。これを聞いた頼は、自分のためにやってくれていることに気づいたのです。

ことわざ・慣用句の問題にチャレンジ！

Ⓐ ウ
Ⓑ イ
Ⓒ ア

言葉の学習

お話に出てきたことわざ・慣用句の意味を確かめましょう。

踏んだり蹴ったり……何度もひどい目にあうこと。

【108・109ページ】

④ 淡水魚

解説
108ページ1行目の純の言葉に「これ、すごく引っかかるんだ。」とあり、続いて「淡水魚っていうのは、～鯉だって淡水魚なんだよ。」とあることから考えましょう。

⑤ **淡水魚**……淡い色
鯉……濃い色

解説
108ページ20・21行目の麻衣の言葉に「『淡水魚』が『淡い』、『鯉』が『濃い』を表しているとすると」とあることから考えましょう。

⑥ 黒

解説
109ページ17・18行目の頼の言葉に「二人の意見をもとに考えると、黒のほうが正しそうだ。」とあり、「真っ黒な建物」（7行目）であるビリヤード場へ向かっていることから考えましょう。

ことわざ・慣用句の問題にチャレンジ！

Ⓓ ア　Ⓔ イ　Ⓕ イ

解説
「耳を貸す」は「人の話を聞く。相談に乗る」、「的を射る」は「うまく要点をおさえる」、「二の足を踏む」は「思い切ってできずにためらう」という意味です。

言葉の学習
お話に出てきたことわざ・慣用句の意味を確かめましょう。
清水の舞台から飛び下りる……思い切って大きな決断をすること。

ことわざ・慣用句の問題にチャレンジ！

Ⓐ ア　Ⓑ イ　Ⓒ イ

言葉の学習
お話に出てきたことわざ・慣用句の意味を確かめましょう。
胸を借りる……実力がある人に、練習相手になってもらう。

なぞ27 仲間はずれを探せ！ 112・113ページ

【112・113ページ】

① （例）プラネタリウムがあること。

解説
112ページ3～9行目の内容をよく読んで考えましょう。まさかプラネタリウムがあるはずないと思っていた麻衣と純でしたが、実際に「ドーム型の建物が見えてきた」（8・9行目）ので、おどろいたのです。

② 夏の大三角……白鳥座・わし座
冬の大三角……こいぬ座・おおいぬ座

解説
113ページ9・10行目の麻衣と頼の言葉をよく読んで考えましょう。

② ふだんの頼

解説
114ページ17行目～115ページ1行目に「ふだんの頼の言動とは裏腹なやわらかい音色に、純も麻衣もうっとりと聴きほれていました。」とあります。最初の五文字を答えることに注意しましょう。

③ （例）部屋の中に奇妙な音楽が流れだした。

解説
115ページ16・17行目に「頼が出ていった直後、部屋の中になんとも奇妙な音楽が流れだしました。」とあります。この文をもとにして簡潔にまとめましょう。

ことわざ・慣用句の問題にチャレンジ！

Ⓐ ア　Ⓑ イ　Ⓒ ウ

言葉の学習
お話に出てきたことわざ・慣用句の意味を確かめましょう。
石の上にも三年……がまん強く続けていれば、いずれ成功するというたとえ。

なぞ26 ナインボールのルール
110・111ページ

【110・111ページ】

① ビリヤード

解説 110ページ3行目に「中に入ると、ビリヤードの台が四台、間をあけて置かれていました。」とあることから考えましょう。

② (例) 頼が少しさみしそうに見えたから。

解説 110ページ9行目に「頼が少しさみしそうに見えて、麻衣と純は顔を見合わせました。」とあります。頼の気持ちを少しでも明るくしたくて、こう言ったのです。理由を表す「～から。」の形でまとめましょう。

③ 落とした・ナインボール

解説 111ページの15・16行目に「九番のボールを穴に落としたほうが勝ちってことみたい。」とあることから考えましょう。

③ なぞ解きをスタートした建物

解説 113ページ21行目に「三人は再び、なぞ解きをスタートした建物へ戻ることになりました。」とあるので、音楽鑑賞室がその建物の中にあることが読み取れます。

ことわざ・慣用句の問題にチャレンジ！

Ⓐ ウ
Ⓑ ウ
Ⓒ イ

言葉の学習

お話に出てきたことわざ・慣用句の意味を確かめましょう。

はとが豆鉄砲を食ったよう……びっくりしてきょとんとしている様子。

なぞ28 地をはうようなうめき声
114～117ページ

【114・115ページ】

① ピアノ

解説 114ページ12行目の頼の言葉に「ピアノなら、少しね。」とあり、さらに「頼も～、ピアノの前に座ります。」(14・15行目)とあることから考えましょう。

【116・117ページ】

④ (例) レコードの針が取りつけられている部分を手で持ち上げて止めた。

解説 116ページ16・17行目に「頼は、レコードの針が取りつけられている部分を手で持ち上げました。すると、ようやく気味の悪い曲が止まったのです。」とあることから考えましょう。

⑤ 45・33

解説 117ページ12～14行目の純の言葉に「さっきまでのあの曲は、回転数45で聴く用に作ったレコードを33の設定で流していたってことか。」とあることから考えましょう。

⑥ ウ

解説 117ページの10・11行目の麻衣の言葉に「本来よりも曲が遅くて間のびしたように聴こえていた」とあることから考えましょう。

ことわざ・慣用句の問題にチャレンジ！

Ⓓ ウ
Ⓔ イ
Ⓕ ア

解説
「耳をそばだてる」は「よく聞こうと集中する」、「ぼろが出る」は「隠していた欠点が明らかになる」、「正鵠を射る」は「ものごとの大事なところを正確につく」という意味です。

言葉の学習
お話に出てきたことわざ・慣用句の意味を確かめましょう。
鵜の目鷹の目……注意して探り出そうとする、するどい目つき。

なぞ29 「秘密の部屋」へ 118〜121ページ

【118・119ページ】

① おじいちゃんとの思い出の場所

解説
118ページ10行目の麻衣の言葉に「じゃあ、おじいちゃんとの思い出の場所なんだね。」とあることから考えましょう。

【120・121ページ】

④ いつ……幼稚園時代
だれが……頼

解説
120ページ16行目に「幼稚園時代の頼のネーミングセンス」とあります。「ネーミング」とは、名前をつけることという意味です。

⑤ 赤

解説
121ページ5・6行目の麻衣の言葉に「鎌倉は、言っていることがそもそも矛盾しているから、うそをついていると思う。」とあります。また、「鎌倉」の服については「赤い服が鎌倉」（120ページ12行目）とあります。

⑥ 秘密の部屋の奥のクローゼットの中

解説
121ページの16・17行目の純の言葉に「戦国さんが言った『この部屋の奥のクローゼットの中にある』も真実ってことだね。」とあることから考えましょう。「この部屋」とは、秘密の部屋のことです。

② 頼にまつわる思い出の品々

解説
123ページ1・2行目に「中から出てきたのは、幼稚園から小学校にかけての頼にまつわる思い出の品々でした。」とあります。これが宝箱に入っていた、おじいちゃんの宝物です。

③ ア

解説
「封を切った」（123ページ8行目）というのは、手紙の入った封筒を開けたということを表します。

ことわざ・慣用句の問題にチャレンジ！

Ⓐ イ
Ⓑ ア
Ⓒ ア

言葉の学習
お話に出てきたことわざ・慣用句の意味を確かめましょう。
玉石混淆……よいものと悪いものが入り混じっていること。

【124・125ページ】

④ かしこくて、勇気のある友だち

解説
124ページ4・5行目の久留寿氏の言葉に「頼にこんなにかしこくて、勇気のある友だちができて、心からうれしいよ。」とあります。

②秘密の部屋・ぼくとおじいちゃん

解説

119ページ1・2行目の頼の言葉に「あの部屋のことは、ぼくとおじいちゃんしか知らないはずなんだ。『秘密の部屋』って呼んでいたことも。」とあり、これを聞いた麻衣が――Ⓐのように考えたのです。

③三つのパペット

解説

119ページ16・17行目ののぶたんの言葉に「頼くんにとってなじみのある三体のパペット」とあります。

ことわざ・慣用句の問題にチャレンジ！

Ⓐ イ
Ⓑ イ
Ⓒ イ

言葉の学習

お話に出てきたことわざ・慣用句の意味を確かめましょう。

涙をのむ……くやしさや、納得のいかないことをじっとたえる。

ことわざ・慣用句の問題にチャレンジ！

Ⓓ ウ
Ⓔ ア
Ⓕ イ

解説

「耳につく」は「ある音が耳にとまる、気になる」、「抱腹絶倒」は「腹をかかえて、ひっくり返るほどの大笑いをする」、「気が散る」は「ほかのことが気になって一つのことに集中できない」という意味です。

言葉の学習

お話に出てきたことわざ・慣用句の意味を確かめましょう。

恩に着せる……相手にしてあげたことについて、ありがたく思わせようとする。

なぞ30 おじいちゃんの宝物

122〜125ページ

【122・123ページ】

①美しい彫刻

解説

122ページ11・12行目に「美しい彫刻がほどこされ、つやつやと光る木製の箱」とあります。すぐあとに「ついに宝箱発見！」とあるので、宝箱を言い表しているのだと読み取れます。

⑤ウ

解説

124ページ13・14行目の頼の言葉に「ぼく一人じゃ無理だったよ。この二人が、いろいろなことを知っていたり、いっしょに考えてくれたりしたから、ここまでたどり着けたんだ。」とあることから考えましょう。

⑥漢字を音読みに変換した手紙

解説

125ページの12・13行目の麻衣の言葉に「わざわざ漢字を音読みに変換した手紙をわたすなんて」とあります。

ことわざ・慣用句の問題にチャレンジ！

Ⓓ ア
Ⓔ ア
Ⓕ ア

解説

「一皮むける」は「技術や見た目などが、前よりもよくなる」、「青二才」は「まだ経験の浅い、若い男」、「あごが落ちる」は「食べ物の味がとてもよいこと」という意味です。

言葉の学習

お話に出てきたことわざ・慣用句の意味を確かめましょう。

釈迦に説法……くわしく知っている人に向かって教えようとする、おろかなことのたとえ。

さくいん

監修者

陰山 英男（かげやま ひでお）

1958年、兵庫県生まれ。小学校教員時代、反復学習や規則正しい生活習慣の定着で基礎学力の向上を目指す「陰山メソッド」を確立し、脚光を浴びる。百ます計算や漢字練習の反復学習、そろばん指導やICT機器の活用など、新旧を問わずさまざまな学習法を積極的に導入し、子どもたちの学力向上を実現している。

現在、教育クリエイターとして講演会などで活躍するほか、全国各地で教育アドバイザーなどにも就任。子どもたちの学力向上のための指導を精力的に行っている。

主な著書に『陰山メソッド　たったこれだけプリント』（小学館）、『早ね早おき朝5分ドリル』シリーズ（Gakken）などがある。

物語

たかはしみか

秋田県出身。児童向けの書籍を中心に幅広く執筆中。著書に『浮遊館』シリーズ、『もちもちぱんだ　もちっとストーリーブック』シリーズ、『ピーナッツストーリーズ』シリーズ（以上、Gakken）などがある。

カバー・挿絵	十々夜
本文デザイン	白石 友（Red Section）
DTP	山名真弓（Studio Porto）
校正	村井みちよ
編集制作	株式会社KANADEL
編集協力	石塚莉奈、菊池麻祐、高橋みか
編集担当	横山美穂（ナツメ出版企画株式会社）

読解力と語彙力を鍛える！
なぞ解きストーリードリル　ことわざ・慣用句

2023年11月2日　初版発行

監修者　陰山英男
物　語　たかはしみか
発行者　田村正隆

発行所　株式会社ナツメ社
東京都千代田区神田神保町1-52　ナツメ社ビル１Ｆ（〒101-0051）
電話 03-3291-1257（代表）　FAX 03-3291-5761
振替 00130-1-58661

制　作　ナツメ出版企画株式会社
東京都千代田区神田神保町1-52　ナツメ社ビル３Ｆ（〒101-0051）
電話 03-3295-3921（代表）

印刷所　株式会社リーブルテック

ISBN978-4-8163-7438-8

本書に関するお問い合わせは、書名・発行日・該当ページを明記の上、下記のいずれかの方法にてお送りください。電話でのお問い合わせはお受けしておりません。
・ナツメ社webサイトの問い合わせフォーム
https://www.natsume.co.jp/contact
・FAX（03-3291-1305）
・郵送（左記、ナツメ出版企画株式会社宛て）
なお、回答までに日にちをいただく場合があります。正誤のお問い合わせ以外の書籍内容に関する解説・個別の相談は行っておりません。あらかじめご了承ください。